本书是教育部人文社会科学研究青年基金项目（22YJCZH137）、江苏省社科基金项目（22GLC009）、江苏高校哲学社会科学研究项目（2022SJYB0110）的重要阶段性成果。

慈善捐赠与企业绩效：
基于利益相关者认知视角的研究

钱丽华◎著

南京大学出版社

图书在版编目(CIP)数据

慈善捐赠与企业绩效：基于利益相关者认知视角的
研究 / 钱丽华著. —南京：南京大学出版社，2022.12
ISBN 978-7-305-25857-2

Ⅰ.①慈… Ⅱ.①钱… Ⅲ.①企业—慈善事业—关系
—企业绩效—研究—中国 Ⅳ.①D632.1②F279.23

中国版本图书馆 CIP 数据核字(2022)第 100818 号

出版发行　南京大学出版社
社　　　址　南京市汉口路 22 号　　　　　邮　　编 210093
出 版 人　金鑫荣
书　　　名　**慈善捐赠与企业绩效——基于利益相关者认知视角的研究**
著　　者　钱丽华
责任编辑　武　坦　　　　　　　　　编辑热线 025-83592315
照　　排　南京开卷文化传媒有限公司
印　　刷　苏州市古得堡数码印刷有限公司
开　　本　787 mm×960 mm　1/16　印张 12.5　字数 205 千
版　　次　2022 年 12 月第 1 版　　2022 年 12 月第 1 次印刷
ISBN　978-7-305-25857-2
定　　价　59.00 元

网　　　址：http://www.njupco.com
官方微博：http://weibo.com/njupco
官方微信号：njupress
销售咨询热线：(025)83594756

前　言

　　近年来，慈善捐赠行为作为企业响应社会环境要求、实践社会救助的重要手段，备受社会各界的广泛关注。然而，对于理性的、追求利润最大化的企业而言，从事慈善活动能否换来经济上的回报？这是众多企业管理者迫切寻求答案的问题，也是近期社会责任领域讨论的焦点。目前学术界围绕慈善捐赠与企业绩效关系的研究仍然存在很多争议。慈善捐赠究竟如何影响企业绩效？关于两者关系的实证研究结果为何会存在如此大的不确定性？现实中，面对不同的企业同样实施慈善战略但捐赠效果却大相径庭的现象又该如何解释？针对以上问题，本书利用权变管理思想，从利益相关者认知的视角出发，深入探讨慈善捐赠影响企业绩效的内在机理。基于对"慈善动机—效果"理论的分析与拓展，本书认为，慈善捐赠与企业绩效的关系研究中应充分考虑利益相关者主体认知因素的影响，慈善捐赠的战略价值主要体现为一种关系型价值，慈善捐赠能否或能够在多大程度上提升企业绩效取决于利益相关者对企业慈善动机真诚性的识别，特别地，企业低层次社会责任状况以及长期价值导向表现与其慈善捐赠行为的一致性构成了利益相关者认知和评价的触发点，如果企业在相关方面出现不一致的行为表现，将引发利益相关者对其慈善动机真诚性的质疑，从而大大损害慈善捐赠的战略效果，甚至可能适得其反，给企业绩效造成负面影响。与此同时，由于利益相关者的认知形成与动机判断很大程度上还依赖于企业在利益相关者心目中是否可见，企业可见性特征将对上述作用机制进一步产生深层影响。

本书聚焦我国企业社会责任转型的关键阶段，选取企业与社会内嵌期沪深两市A股上市公司慈善捐赠的面板数据展开实证分析，研究发现和主要结论有以下三个方面：第一，主效应检验结果显示，总体而言，慈善捐赠通过改善或维护利益相关者关系，帮助企业获取新资源或降低失去已有资源的风险，能够促进企业绩效的提升，慈善捐赠的战略价值得以验证。第二，更为重要的是，利益相关者主体如何认知企业慈善捐赠的动机对慈善捐赠战略效果产生关键性影响。当利益相关者观察企业行为表现的一致性以形成对企业慈善动机真诚性的认知与识别时，企业的低层次社会责任状况与长期价值导向表现成为利益相关者搜寻的参照目标以及做出判断的重要线索。企业一边履行低层次社会责任的状况或长期价值导向的表现不佳，另一边却盲目追逐慈善的光环、大肆捐赠，这种不一致性容易使利益相关者将其慈善捐赠解读成伪善或投机的行为而非出于真诚的动机，从而损害慈善捐赠的战略效果。具体而言，本书从股息支付（经济责任）、依法纳税（法律责任）和尊重供应商（道德责任）三个维度来考察企业低层次社会责任的履行状况；从机构持股和研发投入两个层面来考察企业长期价值导向的表现。实证结果表明，上述变量对慈善捐赠与企业绩效之间的关系均具有显著的正向调节效应，股息支付、税收支付、支付供应商货款及时性的水平以及机构持股比例、研发投入水平越高，慈善捐赠对企业绩效的正面影响越强；反之，这种正面影响将受到削弱,甚至可能导致捐赠对绩效的负面影响。第三,不同可见性特征的企业中,低层次社会责任状况以及长期价值导向表现的调节效应有所差异。三项交互的实证结果表明,企业可见性对支付供应商货款及时性和研发投入水平的调节效应具有深层调节影响,高企业可见性下,两者对慈善捐赠效果的调节效应均显著增强,这也就意味着一定程度上可见性较高的企业及其行为表现更容易受到来自利益相关者的关注,使得利益相关者认知的影响对于企业而言更加重要。

本书的研究意义主要体现在理论和实践贡献两个方面:第一,本书回应了 Godfrey 等学者关于在企业社会责任研究中关注利益相关者主体反应的呼吁,从利益相关者认知视角出发,分析并检验了慈善捐赠影响企业绩效相对复杂的内在机理,丰富了慈善捐赠经济后果方面的文献,扩展了以往权变研究的范围,有利于深化对企业慈善捐赠经济效应差异性的理解,为协调目前慈善捐赠与企业绩效关系研究的理论与实证分歧提供了新的思路。同时,本书提出利益相关者通过观察企业行为表现的一致性程度形成对企业慈善捐赠动机的认知与识别,在一定程度上弥补了学术界尚不清楚利益相关者在何种情况下会对企业的慈善行为做出真诚抑或伪善判断的理论空白。而对企业可见性这一深层情境因素的把握进一步挖掘了利益相关者的认知过程,使得对问题的研究更加全面和深入。第二,本书研究结论对企业的慈善捐赠实践亦具有较强的指导意义。对于企业而言,实施战略慈善是促进自身可持续发展并增进社会福利、实现企业和社会双赢的明智选择。但企业从事慈善活动需要格外重视利益相关者的认知及反应,慈善捐赠的战略效果很大程度上受到利益相关者对企业慈善动机认知的制约，管理者必须充分意识到企业其他方面的行为表现，如低层次社会责任状况和长期价值导向表现等很可能成为利益相关者形成动机认知、做出判断和评价的依据，所以企业在积极从事慈善活动的同时，也应当认真履行好低层次的社会责任，并通过改善公司治理、注重研发创新等方式努力展现企业的长期价值导向，避免陷入伪善或投机的陷阱。此外，由于可见性高的企业会受到来自利益相关者的更多关注，因而这类企业更要重视自身行为表现的一致性。而对于那些积极承担社会责任、坚持长期价值导向的企业而言，合理利用广告等手段加强企业可见性，增进利益相关者对自身努力的感知，未尝不是进一步发挥慈善捐赠战略效果的可行举措。

目　　录

图 目 录

表 目 录

第一章　导　　论

本章在介绍企业慈善捐赠现实与理论背景的基础之上,提出本书的研究问题,并引出本书的研究意义和主要的创新之处,最后阐明本书的研究思路、研究内容及章节安排,从总体上勾勒出一个清晰的研究框架。

第一节　研究背景与问题提出

作为企业履行社会责任的重要形式(Tuzzolino & Armandi,1981;Saiia,2001),慈善捐赠长期以来一直备受社会各界的广泛关注。实际上,企业社会责任一开始就是以慈善捐赠的方式出现的(李领臣,2007),近年来慈善捐赠更是成为企业彰显社会责任的一种新趋势(Wokutch & Spencer,1987)。尽管慈善捐赠并未专门列入企业可持续发展准则,但在企业所披露的社会责任报告中,慈善捐赠是提到次数最多的词汇(Erusalimsky et al.,2006)。在我国资本市场快速发展以及企业经济实力不断增强的背景下,越来越多的企业开始注重社会责任的履行以回馈社会,而慈善捐赠正成为这些企业所青睐的一项选择。特别是 2008 年我国遭遇汶川大地震以来,企业更是踊跃捐赠,不少企业在一次捐赠后还进行补捐和追捐,引起了社会的强烈反响,也使得我国的慈善捐赠事业被推上了一个新的高峰。国务院发展研究中心相关机构所公布的调查报告数据显示,我国大约 90% 的企业都不同程度地从事过社会捐赠。据中国社科院发布的《慈善发展报告(2009)》统计,与欧美国家中个人捐赠为数较多的现象不同,在我国企业才是民间捐赠的最重要主体。据中国慈善联合会发布的《2020 年度中国慈善捐助报告》统计,我国慈善捐赠总额创历史新高,其中企业捐赠仍是主要力量,且企业捐赠总额首次突破千亿,贡献了 1 218.11 亿元,年度增幅高达 30.77%,占捐赠总量的 58.39%。由《公益时报》社编制发布的第十八届(2021)中国慈善榜企业榜单(入榜条件为年度捐赠额 100 万元以上)显示,上榜慈善企业已超千家,合计捐赠近 227 亿元。这一系列数据无疑都表明了企业捐赠已经成为我国慈善事业蓬勃发展的重要推动力量。

然而,追求利润最大化始终是一个理性企业存在的本质。因此,如何利用慈善捐赠,将其与企业自身的竞争优势结合起来,为企业创造战略价值(Porter & Kramer,2006;Dunfee,2006),这是长久以来众多管理者在从事慈善捐赠时所迫切寻求答案的问题。尤其当市场经济的运行日趋成熟后,企业面临日渐激烈的行业竞争环境,那些在产品生产、销售等环节上的传统竞争方式已然沦为显性知识,被众多企业所共知和通用。此时,慈善捐赠恰好可以为企业创造独特的竞争优势提供一个切实可行的新颖方案。许多大企业早已开始了这方面的努力,积极参与慈善捐赠并着手于将其与自身的战略相融合。譬如美国的运通公司资助了 10 个国家的 3 000 多所中学的旅游课程,但在课上并不是训练学生如何使用其发行的运通信用卡,而是着眼于培训学生有关航空、酒店等旅游产业的技能。各地旅游业的发展和繁荣吸引来更多的游客,大大提升了运通信用卡的销售量及使用率,从而使运通公司的经济效益实现了持续增长,间接地为该公司创造了巨大的战略价值。国内也有很多企业初步尝到了从事慈善捐赠活动所带来的好处,譬如 2008 年汶川大地震发生后,王老吉向灾区捐赠亿元善款,出其不意地引发了全国范围的王老吉消费热潮,销售额大幅增加,更打响了其品牌,受到市场的广泛赞誉。如此等等,通过慈善捐赠构建企业战略,越来越成为企业慈善实践的一种新取向。伴随着企业慈善捐赠实践的发展,越来越多的国内外学者开始思考企业的慈善捐赠行为及其经济后果(Brammer et al.,2006;Patten,2008;Brammer & Millington,2008;Wang et al.,2008;Halme & Laurila,2009;Wang & Qian,2011;Shapira,2012;Gao et al.,2012;Ahmad & Ramayah,2012;Lee et al.,2014;Ramayah & Zhang,2014;钟宏武,2007;陈支武,2008;张广玲等,2008;蔡宁等,2009;朱金凤、赵红建,2010;李敬强、刘凤军,2010;樊建锋、田志龙,2010;郑杲娉、徐永新,2011;王端旭、潘奇,2011;张敏等,2013;江炎骏,2013;傅鸿震等,

2014；李维安等，2015；眭文娟等，2016），许多研究也都支持慈善捐赠通过为企业带来良好的声誉和正面的形象从而提升企业绩效的路径（Greenings & Turban，2000；Fombrun et al.，2000；Hamilton，2013；Mukherjee et al.，2018）。正因为如此，企业界和学术界均纷纷提出管理者可以从战略上有效利用慈善活动，促进企业经济利益的增长，即实施所谓的"战略慈善"（Mescon & Tilson，1987；Waddock & Graves，1997；McAlister et al.，2002；Seifert et al.，2004；Liket & Maas，2016）。

然而，在慈善捐赠一路"高歌猛进"的同时，企业实践中不和谐的事件屡屡发生，如自来水苯超标、病死猪肉进餐桌、劣质奶粉、霉月饼等食品安全事件尚未平息，"葛兰素史克"、山西假疫苗等药品医疗案件更是让患者心有余悸；劳动密集型企业中存在"血汗工厂"，拖欠工资、工作环境恶劣、员工安全得不到保障等问题普遍存在。此外，企业生产安全事故屡见不鲜，生产过程中造成严重环境污染的事件屡遭曝光（郑海东，2007；潘奇，2011；高勇强等，2012）。特别是2014年7月，肯德基、麦当劳、必胜客等国际知名快餐连锁店的肉类供应商——上海福喜食品有限公司被曝光大量采用过期变质肉类作为生产原料，该负面事件发生后福喜公司甚至将慈善捐赠作为挽回其声誉和形象的手段，承诺未来三年内捐助1 000万元用于中国的食品安全教育。这样的例子并非个案，而是广泛存在于社会现实中，令人们对企业从事慈善捐赠活动产生质疑。

当"战略慈善"被过度工具化（over-instrumentalized），企业从事慈善捐赠还能获得预期的战略效果吗？针对这一问题，Godfrey（2005）及 Yoon et al.（2006）等曾在"慈善动机—效果"理论中提到，企业的慈善捐赠被认为是出于真诚的动机时才更可能得到利益相关者的正面评价，进而提升其声誉资本；相反，当企业捐赠被认为是动机不纯的、故意迎合利益相关者的伪善、投机或作秀行为时，则很可能无法为企业带来正面的声誉资本，甚至会损害企业的社会形象，给企业带来负面声誉等。但是，他们的观点尚未得到实证的检验，他们的研究仍存在理论空白，学术界尚不清楚利益相关者在何种情况下会对慈善捐赠做出"真诚"或者"伪善"的判断，这就使得该理论的应用受到了一定限制。

为此，继承并拓展Godfrey等的构想，本书从利益相关者动机认知视角对慈善捐赠的战略效果展开研究，着重探讨了慈善捐赠与企业绩效之间存在的调节效应问题，试图解开不同企业同样实施慈善战略但捐赠效果却大相径庭的谜团。本研究认为，利益相关者如何认知企业的慈善动机成为影响慈善捐赠与企业绩效之间关系的重要情境因素，利益相关者的积极评价是企业慈善捐赠创造战略价值的关键所在。怀疑和归因理论指出，当公众对目标产生怀疑时，他们会从事公共监督功能去搜寻目标的其他行为，作为降低基本归因错误的一种方法（Bae & Cameron，2006）。据此，本书提出，利益相关者很可能是通过观察企业行为表现的一致性程度形成对慈善捐赠动机的认知与识别。本研究分别从企业的低层次社会责任状况以及长期价值导向表现这两个层面来挖掘利益相关者的认知过程，以揭示捐赠行为在不同企业出现异质性后果的内在原因。首先，较为直观地来看，如果企业连为股东创造价值、依法纳税、尊重供应商这些较低层次的社会责任都履行不好，却大肆进行慈善捐赠，如何能让公众相信企业从事慈善活动的动机是真诚的？其次，推及更大的范围，从公司层面来看，如果企业在其他方面显现出短期利益导向，如机构持股和研发投入的表现不佳，却一味追逐慈善的光环，也容易使利益相关者将其慈善捐赠解读成短视的投机行为而非出于真诚的动机。遵循上述逻辑，本书解析并检验了慈善捐赠对企业绩效的影响机理，重点考察企业的低层次社会责任状况以及长期价值导向表现对两者之间关系的调节效应。同时，鉴于利益相关者对慈善捐赠的认知形成与动机判断很大程度上还依赖于企业在利益相关者心目中是否可见，本书进一步分析并检验了不同企业可见性特征下，上述调节效应有何差异，从而深入挖掘慈善捐赠影响企业绩效的内在机理，为慈善捐赠与企业绩效之间关系的理论与实证分歧提供权变解释。

第二节　研究意义与创新点

本书研究的意义主要体现在对理论和实践的贡献两个方面，具体分为以下四点阐述：

第一，与国外较为成熟的研究相比，国内企业慈善捐赠的理论研究才起步不久，相关文献在数量上与国外也存在一定的差距。由于经济发展、文化和价值观等方面的不同,我国企业捐赠环境、捐赠行为等与国外相比存在着本质的区别,尤其是在我国慈善事业蓬勃发展的大背景下,针对中国情境的企业慈善捐赠行为开展广泛研究成为一种必然要求。Ramasamy & Yeung(2009)发现,与欧美国家的消费者相比,我国消费者在进行购买决策时更愿意支持那些具有社会责任感的企业。因此,基于我国企业捐赠行为的研究对于丰富慈善捐赠的相关理论、推动慈善捐赠领域的研究进程等都具有十分的必要性和紧迫性。

第二,本研究拓展并深化了慈善捐赠与企业绩效之间关系的情境考察,对慈善捐赠影响企业绩效的机制研究(Fombrun et al.,2000;Greening & Turban,2000;Porter & Kramer,2002)进行了有益补充。企业慈善捐赠的效果为何有所不同?本书依据权变管理思想,解释慈善捐赠与企业绩效关系研究结果的不确定性,尝试通过对重要情境因素的把握,对慈善捐赠如何影响企业绩效这一问题给出更清晰的诠释和更全面的认识。权变研究的方法之前较少被运用于慈善捐赠研究领域,本书认为孤立地分析慈善捐赠与企业绩效两者之间的关系并不合适,应该深入洞悉慈善捐赠影响企业绩效的内在机理,不仅要考察企业慈善捐赠的水平,还需要分析企业慈善捐赠的动机如何被外界所认知。尽管Godfrey(2005)从理论上分析认为动机可能对慈善捐赠行为的结果产生影响,但是对于如何影响以及动机如何被认知等问题尚未进行深入探讨,同时也缺乏相应的实证支撑,而本研究将对"慈善动机—效果"假说提供实证验证,较好地解释在什么情况下利益相关者会对企业捐赠做出真诚抑或伪善的动机判断。此外,考虑到利益相关者对慈善捐赠动机认知的形成很大程度上还依赖于企业在利益相关者心目中是否可见,本书进一步考察了企业可见性特征对利益相关者认知过程的深层影响,将慈善捐赠影响企业绩效的内在机理揭示得更加透彻。

第三,本研究凸显并扩展了利益相关者在慈善捐赠与企业绩效关系研究中的主体性地位。Selznick以及Meyer等学者认为,认识社会现象或社会行为应该从组织与环境的关系入手(周雪光,2003)。依据此类学术观点,本书重点考虑利益相关者与企业之间的互动性,从企业与其内外部利益相关者的关系出发,以利益相关者的动机认知为切入点,强调了利益相关者对企业行为评价的重要性。特别地,本研究认为,获取利益相关者的积极评价是慈善捐赠为企业创造战略价值的关键所在，这是利益相关者主体地位的具体体现。随着利益相关者理论的兴起和不断发展，并鉴于利益相关者对企业存在深刻而广泛的影响这一现实，本研究的思路对于慈善捐赠之外其他企业行为的研究亦具有借鉴价值。此外，本书还扩展了利益相关者的分析范围，并不仅仅关注于某一特定的利益相关者，而是将股东、员工、顾客、供应商和政府等这些与企业紧密联系的关键性利益相关者都纳入理论分析的视野，即研究者不应仅局限于消费者这一狭隘的利益相关者主体，而应该关注更为广阔的多元利益相关者群体，只有这样才能更加全面地解析企业履行社会责任的经济效应（Smith，2003）。

第四，本研究的现实意义主要在于对企业慈善捐赠实践的指导。对于企业而言，可以从战略上有效利用慈善活动，促进企业经济利益的增长，即实施"战略慈善"，实现社会与企业的双赢局面。但与此同时，"战略慈善"不应被过度工具化，动机真诚的企业善行更可能赢得公众的拥护和支持，而故意迎合、出于投机意图的伪善或作秀行为则难以为企业带来利益相关者的积极反应，捐赠作为"战略慈善"工具的效果也将大打折扣。所以管理者需要首先履行好低层次的社会责任，并通过改善公司治理、注重研发创新等方式向利益相关者展现出企业的长期价值导向，为公众判断企业慈善动机的真诚性提供正面线索，从而在更大程度上提升企业绩效。此外，对于那些已经做到表里如一的企业而言，管理者还可以合理运用广告等手段，加强企业的可见性，增加利益相关者对企业的关注度并降低利益相关者获取企业相关信息的难度，增进他们对企业所付出努力的感知，从而充分实现慈善捐赠的战略价值。本研究为我国企业普遍且发展迅速的慈善捐赠实践提供了一定的理论基础与实证经验，有助于引导企业将慈善与自身战略相结合，促进企业和社会的互利共赢。

本书可能的创新之处主要体现在以下三个方面：

首先，本研究丰富并发展了Godfrey（2005）的"慈善动机—效果"理论。该理论指出，只有被认为是出于真诚的动机时，慈善捐赠才更可能获得利益相关者的正面评价，进而提升企业的声誉资本；相反，当企业捐赠被认为是动机不纯的伪善行为时，则可能引发逆火效应。然而，这一理论尚存有空白：尽管该理论是经过严密的逻辑推导得出，但是目前还没有得到过系统的实证检验；更重要的是，学术界尚不清楚利益相关者在何种情况下会对慈善捐赠做出"真诚"抑或"伪善"的判断。而本研究提出，利益相关者很可能是通过观察企业行为表现的一致性程度形成对慈善捐赠动机的认知与识别，具体分别从企业的低层次社会责任状况以及企业的长期价值导向表现这两个层面来具体探讨利益相关者的认知过程，回答了在什么情况下利益相关者更倾向于做出真诚抑或伪善的动机评估，因此是对"慈善动机—效果"理论的有力拓展。

其次，慈善捐赠与企业绩效之间关系的实证结论存在很大不确定性，不少研究从样本选择、变量测量或是控制变量选择（遗漏）上寻求解释。而本书利用权变研究思想，基于利益相关者认知这一独特视角思考两者之间关系的不确定性问题，提出利益相关者对企业慈善捐赠动机认知的差异是导致慈善捐赠对企业绩效不同影响结果的主要原因这一观点，用情境化的思维来分析慈善捐赠与企业绩效的关系问题，在研究视角上做出了创新。此外，本书的创新之处还体现在将社会心理学中的认知理论运用到慈善捐赠领域研究中，具有一定的跨学科特色。本研究提出，利益相关者通过观测企业行为表现的一致性来评估慈善捐赠的动机，借助这种构念的转化，既回答了利益相关者如何对动机进行认知的问题，又解决了慈善捐赠动机认知很难直接测量的困难，研究方法上的创新也为未来推进此类问题的进一步研究做出了有益尝试。

最后，本研究对战略慈善文献形成贡献。战略慈善观认为，既然慈善活动能够给企业带来价值，那么企业就可以有效利用慈善活动，在造福社会的同时也使自身受益。战略慈善体现了企业力图在商业价值和社会问题之间寻求相互促进和协同的效果（Saiia et al.，2003）。而本研究则表明，当慈善被过度工具化后，并不一定能够给企业带来经济收益，具体而言，如果公司不注重低层次社会责任的履行以及长期价值导向的表现，进行慈善活动则无法取得战略上的效果。换言之，保证相关行为、表现方面的一致性是实现慈善战略价值的重要基础。此外，本研究还界定和研讨了影响低层次社会责任状况与长期价值导向表现，作为权变因素发挥作用的边界条件——企业可见性，这将有助于进一步深化对调节机制的理解。

第三节　研究思路、研究内容与章节安排

一、研究思路

如前文所述，概括而言，本研究主要试图回答这样两个问题：一是利益相关者认知如何对慈善捐赠的效果产生影响；二是不同企业可见性特征下利益相关者认知对慈善捐赠效果的影响有何差异。本书通过理论分析和实证检验，尝试从利益相关者认知这一视角打开慈善捐赠与企业绩效关系的"黑箱"，拓展和补充慈善捐赠的经济后果研究。本书的主要研究思路如下：

首先，已有大量文献围绕慈善捐赠与企业绩效之间的关系展开理论或实证研究，本研究通过全面检索国内外的电子数据库，对以往有关慈善捐赠及其动机和经济后果的重要文献进行系统阅读、梳理和分析，在厘清慈善捐赠概念、明晰当前研究进展的基础之上，总结出既具有现实意义，又体现理论价值的科学命题。现有文献研究结论的不一致导致人们尚不能清晰准确地认识慈善捐赠与企业绩效之间的关系，本书依据权变管理思想，尝试通过对重要情境因素的把握，深入探析慈善捐赠影响企业绩效的内在机理。

其次，对研究内容进行分析，结合相关理论提出相应的假设。本书认为，利益相关者对企业慈善捐赠动机的不同认知以及对企业慈善捐赠行为的不同评价将影响慈善捐赠的战略效果，利益相关者通过观察企业行为、表现的一致性程度形成对慈善捐赠动机的认知与识别，如果企业低层次社会责任状况或长期价值导向表现不佳，则容易引起利益相关者的认知冲突和对企业慈善动机真诚性的质疑，从而削弱慈善捐赠对企业绩效的正面影响；进一步地，利益相关者对慈善捐赠的认知形成与动机判断很大程度上又依赖于企业在利益相关者心目中是否可见，所以在不同的企业可见性特征下，上述调节效应将有所差异，企业可见性越高，调节效应越强。

然后，结合本研究的特点进行样本选择、数据处理与实证检验。本书

主要选取我国企业与社会内嵌期沪深股市 A 股上市公司作为研究样本，从公司财务报表和 WIND 数据库中挖掘、收集本研究所需的慈善捐赠数据、公司特征数据、治理数据和财务数据等一系列数据，并对慈善捐赠、企业绩效等变量进行测量。接着，在此基础上，实证检验低层次社会责任状况与长期价值导向对企业慈善捐赠效果的调节效应，以及企业可见性特征在上述调节效应中所发挥的深层调节作用，并对相关实证结果做出分析和说明。最后，对本研究的结论和启示进行总结，并确立未来研究的方向。

二、研究内容与章节安排

本书基于利益相关者认知视角，系统分析慈善捐赠影响企业绩效的内在机理，重点研究低层次社会责任状况与长期价值导向表现对企业慈善捐赠效果的调节效应，并进一步探讨企业可见性特征对上述调节效应的深层调节影响。本书的章节安排如下：

第一章，导论。本章主要介绍了本研究的现实与理论背景，并在分析研究背景的基础之上提出本书的研究问题，同时指出本研究的意义和可能的创新点，最后基于研究问题和研究内容，阐述了本书的研究思路和结构安排。

第二章，文献综述。主要对国内外慈善捐赠研究的相关文献进行回顾，包括三个部分：一是对慈善捐赠的概念进行界定，确定本研究中慈善捐赠概念的边界范围；二是对有关企业慈善捐赠理念与动机的文献进行梳理，为本书利益相关者动机认知的研究视角埋下伏笔；三是对慈善捐赠与企业绩效关系的研究文献进行回顾，这是本章的重点，从理论研究和实证研究两个角度对相关文献进行了较为系统的梳理。鉴于慈善捐赠是企业社会责任的一个组成部分，为了更加全面地把握现有文献，本书将企业社会责任的相关重要文献适当地纳入综述范围。

第三章，理论分析与研究假设。主要结合相关理论，对本书研究的内容进行详细论述，并提出相应的研究假设。首先，分析慈善捐赠影响企业绩效的主效应机制，提出慈善捐赠通过改善或维护利益相关者关系提升企业绩效的主效应假设；其次，利用怀疑和归因理论分析利益相关者如何通过观察企业相关方面行为表现的一致性来评估企业从事慈善捐赠的动机，一方面从企业低层次社会责任状况这一较为直观的层面提出股息支付、依法纳税、尊重供应商的状况对慈善捐赠与企业绩效关系的调节效应假设，另一方面从企业长期价值导向表现这一更加广泛的层面提出机构持股和研发投入水平对慈善捐赠与企业绩效关系的调节效应假设；最后，本书认为在不同企业可见性特征下，上述调节效应有所差异，进一步提出企业可见性的深层调节作用假设。

第四章，数据收集与研究设计。介绍样本数据的收集过程，并阐述本书所运用的研究方法。本研究主要选取我国企业与社会内嵌期（2007—2012 年）沪深股市的 A 股上市公司作为研究样本，从公司财务报表和WIND 数据库中挖掘、收集本研究所需的慈善捐赠数据、公司特征数据、治理数据和财务数据等，并对慈善捐赠、企业绩效等研究变量进行测量。同时，依据研究问题建立回归分析的计量模型，且对本研究所采用的估计方法进行详细的说明。

第五章，低层次社会责任状况的调节效应检验。本章主要从企业的股息支付水平（经济责任）、依法纳税水平（法律责任）和支付供应商货款及时性水平（道德责任）这三个角度切入，实证检验低层次社会责任履行状况如何调节慈善捐赠与企业绩效之间的关系。实证结果显示：股息支付、依法纳税和支付供应商货款及时性水平均显著调节了慈善捐赠与企业绩效之间的关系，股息支付、依法纳税和支付供应商货款及时性水平越高，慈善捐赠对企业绩效的正面影响越强，且稳健性检验的结果较好，验证了相关假设，说明利益相关者通过观测企业社会责任行为的内部一致性来判断其慈善动机并最终影响慈善捐赠的战略效果。

第六章，长期价值导向表现的调节效应检验。本章主要从企业的机构持股比例和研发投入水平这两个角度切入，实证检验公司层面长期价值导向表现如何调节慈善捐赠与企业绩效之间的关系。实证结果显示：机构持股比例和研发投入水平均显著调节了慈善捐赠与企业绩效之间的关系，机构持股比例和研发投入水平越高，慈善捐赠对企业绩效的正面影响越强，且稳健性检验的结果也较好，验证了相关假设，说明观察企业的长期价值导向表现与其慈善捐赠行为一致与否是利益相关者判断企业慈善动机的另一途径，同样将影响慈善捐赠最终的战略效果。

第七章，企业可见性的深层调节作用检验。本章分别对不同企业可见性特征下,低层次社会责任状况与长期价值导向表现对慈善捐赠效果的调节效应差异进行实证检验。实证结果显示:企业可见性对企业支付供应商货款及时性水平和研发投入水平的调节效应存在显著的深层调节影响,高企业可见性下,企业支付供应商货款及时性水平和研发投入水平对企业慈善捐赠效果的调节效应更强,但企业可见性对股息支付、依法纳税和机构持股调节效应的深层调节作用并没有得到支持,这可能与本研究中企业可见性变量的测量方式等因素有关。

第八章,研究结论、启示及展望。本章主要概括和总结了本书的研究结论,同时详细讨论了研究启示,最后指出本书在研究框架、样本选取、变量测量等方面的不足之处,并展望了未来需要进一步深入研究的若干方向。本书的整体框架结构,如图1.1所示。

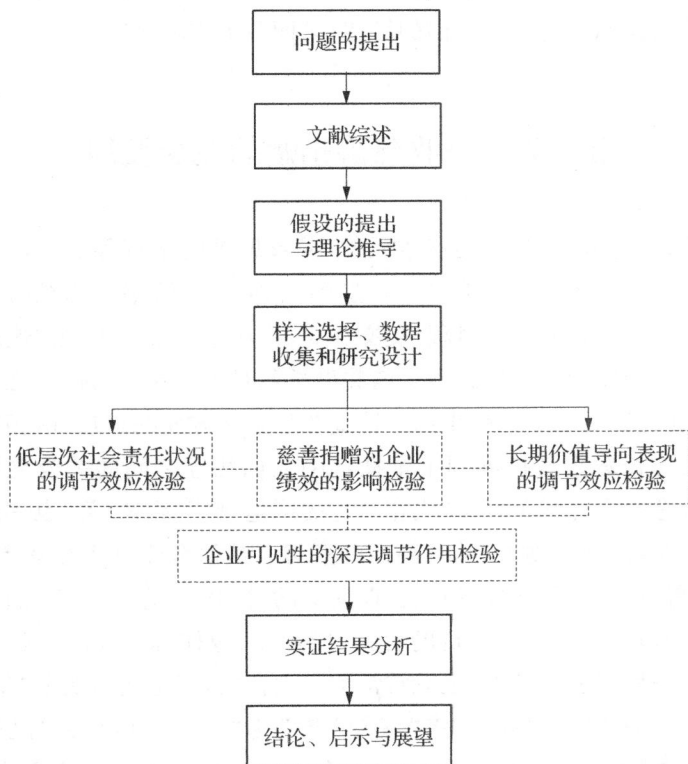

图1.1 本书的结构安排

第二章　文献综述

　　本章系统地回顾和梳理了企业慈善捐赠的相关研究成果,同时给出简要评价。第一节首先回顾企业慈善捐赠的概念发展并在此基础上对本研究中企业慈善捐赠的概念加以界定;第二节旨在厘清企业从事慈善捐赠行为的多重动机并介绍企业战略慈善观的形成和发展;第三节主要围绕慈善捐赠与企业绩效的关系这一核心议题,从理论和实证两个层面对国内外相关文献进行较为全面的综述;第四节为本章小结。

第一节　企业慈善捐赠的概念发展

　　慈善是人类社会文明的基本元素,慈善思想的孕育和发展可谓源远流长。在我国的传统文化典籍中,"慈善"二字的古汉字词源经历了从分字解释到合一认识的演变过程(莫文秀等,2010)。"慈"和"善"这两个字最初是分开使用的。"慈"原本是与父母长辈对子女晚辈的抚爱之意相联系,而后在此基础之上又引申出了怜爱和仁慈等方面的寓意,由相对比较狭隘的父母长辈之爱扩展到了全社会中人们相互之间的关爱之情。而"善"的本意指吉祥和美好,与之相对立的词是"恶",后来"善"也逐渐被引申为友好亲善、乐于助人、品行高尚的意思。从语源学的角度来看,尽管"慈"与"善"有相区别之处,但在长期演进的过程中,"慈"与"善"的字义不断趋近,均包含了仁慈和善良的含义(周秋光、曾桂林,2006)。两者的字义逐渐合一后,"慈"与"善"也就常常被并列言之,于是便出现了"慈善"这一称谓的广为传用。《辞源》将"慈善"定义为"仁慈善良";在《汉语大词典》中"慈善"被定义为"慈爱、善良、富有同情心"。这些含义大致类似,都表征着一种高尚的境界。

　　追怀我国历史,可以发现,早在先秦诸子百家时先哲就对慈善问题有过不少精辟的论说(王俊秋,2008;余日昌,2008;周秋光、曾桂林,2006)。譬如,儒家思想的核心内容"仁"已经初步孕育了慈善思想的内涵。孔子提出了"仁者爱人"之说,提倡与人为善、利人利他、协调社会,这是朴素的人道主义观念的阐释。孟子也提倡以这种设身处地为他人考虑、恩惠助人的精神作为"仁",并且他更加强调从生命的角度来探寻"仁"的新内涵,提倡救人性命、解人危难的重要性,这使得儒家思想的慈善理念更加丰富,也为后人提供了有价值的思想渊源。道家作为中华传统文化的重要一脉,对世俗社会也深怀慈善之意。老子提出"乐生""好善"的教义并发展了"乐以养人""周穷救急"的慈善观点,其"赏善罚恶、善恶报应"的思想成为我国传统慈善思想发展的又一重要源头。佛教也有关于慈善的论述,慈悲观是佛教慈善观念中最为核心的内容。梵文中,"慈"指的是友情和纯粹的友爱,"悲"指的是哀怜和同情之意。胸怀慈悲,就是以慈爱之心给予他人幸福、以怜悯之心拔除他人痛苦。佛学主要将赈济、医疗等救济事业视作慈善的外化表现。虽然各家学派对慈善的含义表述不尽相同,但义理相近,皆蕴含救人济世、福利社会的人道理念。传统文化中朴素的慈善思想无疑为我国慈善捐赠活动的兴起及发展打下了深刻的烙印。

　　在西方,"慈善"在英文中存在一个与之非常对应的单词,即"philanthropy"。这个词源于希腊语的"philanthropia",从词的构成来看,"phil"为"爱、喜欢"之意,"anthrs"代表"人、人类"之意,两个词根合用使慈善被赋予了"博爱、仁慈、慷慨"等含义并一直沿用至现代英语。《牛津英语字典》将慈善解释为"因爱而发的情感与行为"。西方社会的慈善思想早期源自宗教。基督教从人的原罪出发,将行善的动力归于上帝的引导和启示。对上帝的信仰是基督教教义的价值根基和精神支柱,慈善也正是出于对上帝虔诚而派生出来的品质,是为了更接近上帝而自我赎罪、自我净化的一种形式。基督教文化所宣扬的"博爱"理念充满着浓厚的普世主义色彩,"爱上帝"和"爱人如己"是其信守的两方面基本诫命。人正是在体验到上帝无条件的爱的基础之上才产生对上帝的虔诚的爱,慈善就是表达这种爱的最佳方式,从而自觉培育形成了"forgiveness(宽恕)""gratitude(感恩)""share(分享)""benevolence(仁慈)"和"love(爱心)"等慈善理念,崇尚行善积德、持之以恒但不求得到回报,直接推动了现代西方慈善事业的萌芽及发展。

由上述分析可以发现,不论是在东方或是西方,也不论是在古代还是当代,地域、时空、民族乃至文化都未能阻隔人类社会慈善的共性,不同的国家和地区自古以来都有关于慈善思想的论说和经典的慈善事例,虽然对于慈善的表述有所差异,但其本质内涵则是十分相近的。概括来说,慈善是出于对人的关爱而富有同情心,为了增进社会的福利所做的努力,是人类文明的一种普世价值。慈善自古以来在世界各地都有着悠久的历史和文化,扶贫济困、乐善好施是人类的共同美德,慈善活动伴随着人类社会的产生而出现,但现代企业的慈善行为则是在西方资本主义工业化时代才露出端倪(李领臣,2012)。

对企业慈善捐赠的关注最早可以追溯到 1881 年美国马萨诸塞州最高法院的一份判决书(Campbell et al.,1999),当时老殖民地铁路公司和斯密斯乐器公司许诺向在波士顿举办的世界和平庆祝活动和国际音乐节捐赠 20 万美元的资金,但马萨诸塞州最高法院认为承办音乐节并未包含在组建公司的目的和范围内,公司仅有权从事公司成立时被授权的行为,所以虽然老殖民地铁路公司和斯密斯乐器公司皆宣称通过资助行为它们可以从音乐节参与者那里获取经济效益,但法院最终还是判决了这两家公司无权从事该项捐赠活动。然而,随着经济的发展,企业的影响力日益彰显,社会越来越期待企业能够发挥自身力量协助解决诸多社会问题,公司章程中的相关规定也开始逐渐放松对企业参与慈善活动的限制,企业从事慈善行为的合法性越来越多地得到法院的认可,在这种背景下企业的慈善行为也随之有所增长。20 世纪 50年代后,企业从事慈善活动的合法权利得以真正实现。20 世纪 70 年代以来,得益于企业慈善捐赠的普遍合法化,这一社会责任履行方式得到了很大发展,相应地,学术界对企业慈善捐赠行为的研究也大量开展起来。

当时西方国家对企业承担社会责任的呼声越来越高。Davis(1973)指出,社会责任是管理者们需要考虑的问题,某些具有社会责任心的决策或行为虽然表面上不符合企业的技术兴趣甚至可能损害到企业的短期利益,但却有利于企业实现长远的经济收益。Johnson(1971)指出,有责任感的管理者应该要关心企业所处的社会大环境,而不是仅仅盯住自身的经济利益。McGuire(1963)首次提出,企业除了承担来自经济和法律的义务之外,还应考虑社区福利、员工幸福、教育、政治利益等社会责任以及其他相关因素。Manne & Wallich(1972)更加明确地指出,企业社会责任是超出经济和法律责任之外的企业自发行为。Beckman(1975)也提出,社会责任是在赚取利润等经济利益之外还需要关注的目标或动机。McGuire(1963),Manne & Wallich(1972)以及 Beckman(1975)等将企业社会责任视作企业经济责任的对立面,对其内涵的理解还属于狭义的范畴,但他们都提倡企业对社会利益的关注。与之不同的是,Friedman(1970)认为企业在法律范围和规章制度内尽可能多地赚钱是企业唯一的社会责任。从这种意义上说,企业仅仅需要追求传统的经济目标,而考虑社会利益则是对股东不公平的负担,相当于企业的管理层从股东那里进行偷窃的行为。Friedman(1970)的观点对企业"原始责任"进行重新确认并持极力推崇的态度。然而,以美国佐治亚大学教授 Carroll 为代表的部分学者提出企业的社会责任是多元的,是一个涵盖各种企业责任因子的属概念,应当将企业社会责任视作一个包含了各责任层次的责任体系。Carroll(1979,1991)认为,企业社会责任本质上体现出来的是社会对企业的一种要求与期望,不应仅包含经济方面的责任,还应涵盖遵守法律、注重伦理、践行公益这些方面的责任,因而完整的企业社会责任应当要包括经济责任、法律责任、道德责任以及慈善责任这四个子维度。在 Carroll 看来,只有做到获取利润、遵纪守法、崇尚道德并乐善好施这四个方面,才可以称为真正对社会负责任的企业。同 McGuire(1963),Manne & Wallich(1972)以及 Beckman(1975)等将企业社会责任与企业经济责任对立起来的观点相比,Carroll(1979,1991)将企业经济责任纳入企业社会责任的框架,其对社会责任内涵的理解属于广义的范畴,引进了企业社会责任新的概念框架,指明了企业社会责任的确切内容,并且具有综合性,在学术界的影响力很大,至今仍被广泛引用。

进入 21 世纪后,从企业社会责任演化到企业公民的提法逐渐成为趋势。企业社会责任是企业公民这一概念出现的重要思想基础,而企业公民概念可以说是企业社会责任思想逻辑延伸和演化的必然结果(施生旭、唐振鹏,2012)。尽管企业公民与自然人公民不同,但落脚点还是在"公民"上，仍沿袭了公民这一概念，这也就意味着企业承载了公民的核心理念，在某些方面被赋予了公民所指称的内涵、理念及品德（Moon et al.，2005）。Van Lujik（2001）认为，企业与社会中的其他公民相邻并一起组成社区，企业公民让企业明白自身在社会中的确切位置。Valor（2005）认为，企业社会公民这一概念中所内含的公民意识重新界定了企业与社会的关系，企业的公民身份（citizenship）有助于企业更加明晰地了解社会对它作为公民的期望与要求。Logan（2001）提出，企业公民作为社会的重要单元，有权利更有义务为社会福利贡献一份力量，不能单靠是否赚取高额利润这一标准来衡量企业是否成功，还需将企业对社会的贡献程度纳入评判的考量，而企业在承担社会责任、对社会做出贡献的过程中可能也会获得不同性质的回报，所以企业要考虑的应该是"长期的、理性的自我利益"。可以看出，企业公民与企业社会责任在本质上具有一致性，企业公民的内涵突出了企业在行为展示、责任履行和精神表达上的公民意味，与企业的社会存在特性相符合。

无论是企业社会责任还是由其进一步演化形成的企业公民思想，都强调了企业的责任意识和公益心。早期的企业公民概念特别侧重于企业的慈善和公益（李伟阳、肖红军，2012）。Carroll 于 1991 年构建的企业社会责任"四层次模型"以及之后于 1998 年提出的企业公民"四面说"都认为企业的四种社会责任中，经济责任是基础，占最大比例，往上依次是法律责任、道德责任和慈善责任（或自愿责任，1991 年 Carroll 将自愿责任正式确定为慈善责任），而慈善责任是企业社会责任内容中最高端的部分。可见，在企业社会责任的大集合中，企业慈善活动或行为是它的一个子集，二者的概念必然紧密联系。国外学者较早地对企业慈善行为的概念和范围展开探讨，在搜集国外企业慈善捐赠的相关文献时，我们发现"企业慈善捐赠"的英文表述方式主要有以下几种："corporate philanthropy""corporate philanthropic giving""corporate philanthropic activities""corporate contributions""corporate gift""corporate donation""corporate giving""corporate charity""corporate charitable involvement"，文献中上述关键词往往是互换使用的，所以都作为本研究梳理归纳企业慈善捐赠概念时的参考。

对于什么是慈善捐赠，Becker（1976）定义慈善捐赠为一种不带附加条件将产品或时间给予不存在利益关系的个人或组织的社会行为,认为狭义的慈善捐赠是对社会中弱势群体的无偿救助行为,如为穷人提供的帮助、救济和施舍;而广义的慈善捐赠,其资助或扶助的对象不仅包括诸如穷人、残疾人、重大自然灾害的受难群众等弱势者,还包括教育、科研、环保、文化、艺术、体育、民族、心理干预等社会发展事项。Carroll(1979)认为,企业出于自愿意向、不带有任何经济目的、未受到法律强制、遵守社会伦理道德的行善活动就是企业慈善行为。Collins(1993)提出,企业慈善行为是针对某一事项或活动的经济(或其他方面)投资,这种投资首先要给社会带来好处,但最终可能为企业带来长远的收益,认为不论是否考虑这类行为的自利动机,都应该将其纳入企业慈善的范畴。Collins(1994)进一步将企业慈善捐赠解释为一种企业在与自身没有明确利益联系的前提下所做出的现金或者其他方面的捐赠行为。Burlingame & Frishkoff(1996)将企业慈善捐赠定义为企业在一定时期向符合其捐赠意愿的公益性组织或个人捐献金钱、实物以及劳务的行为。Porter & Kramer(2002)指出,企业慈善就是为社会事业捐献企业的资金或其他资源,并分析了企业慈善与企业社会责任两个概念之间的差异,认为多数企业社会责任的性质其实是防止滥用或减轻危害,是防御性(defensive)的;而企业慈善捐赠是企业贡献资金或其他资源用以实现或创造社会价值,是确定性的(affirmative)。Wang et al.(2008)认为,相较于慈善捐赠,企业社会责任是一个更加宽泛的概念,而慈善捐赠通常被视为企业社会责任的一个组成部分,从定义来看,企业慈善指的是企业对社会慈善事业的捐赠行为,包括企业贡献财物用于支持教育、文化或艺术,帮助少数民族或健康医疗事业,以及救援自然灾害的受难者,等等。企业慈善捐赠往往超出了经济和法律所直接要求的范围,是企业作为捐赠主体发出的完全自愿的行为或决策(Hemingway & Maclagan,2004)。Payton & Moody(2008)提出,慈善捐赠既包含捐赠金钱也包含捐赠时间,企业慈善捐赠是确切的行为而非仅仅停留在目的或意图阶段,其慈善性意味着行为具有特定的目的,即实现某些对于公益的憧憬,虽然这种公益的目的可能与其他目的混在一起,甚至包含一些自私的缘由,但如果是自愿的行为,且行为实施者认为是为了公益,至少是为了某项公益,那么该行为就应该被视为企业的慈善行为。Wang & Qian(2011)指出,企业慈善包括企业用于社会公益事业（如教育、文化、艺术、少数民族、健康医疗和灾难救助）的财物捐赠。

国外文献对企业慈善捐赠的概念界定，如表 2.1 所示。

表 2.1　国外文献对企业慈善捐赠的概念界定

文　献	观　点
Becker(1976)	慈善捐赠是将时间和产品转移给没有任何利益关系的个人或组织的一种社会行为，是不带附加条件的给予
Carroll(1979)	企业出于自愿意向、不带有任何经济目的、未受到法律强制、遵守社会伦理道德的行善活动就是企业慈善行为
Collins(1993)	企业慈善行为是针对某一事项或活动的经济（或其他方面）投资
Collins(1994)	将企业慈善捐赠解释为一种企业在与自身没有明确利益联系的前提下所做出的现金或者其他方面的捐赠行为
Burlingame & Frishkoff(1996)	企业慈善捐赠是在一定时期内以企业的名义向符合其捐赠意愿的公益性非营利组织贡献金钱、实物或劳务的一种企业行为
Porter & Kramer(2002)	企业慈善就是为社会事业捐献企业的资金或其他资源，不同于很多企业社会责任的防御性质(defensive)，企业慈善捐赠是企业贡献资金或其他资源用以实现或创造社会价值，是确定性的(affirmative)
Wang, Choi, Li(2008)	企业慈善指的是企业对社会慈善事业的捐赠行为，包括企业贡献财物用于支持教育、文化或艺术，帮助少数民族或健康医疗事业，以及救援自然灾害的受难者等
Payton & Moody(2008)	慈善捐赠既包含捐赠金钱也包含捐赠时间，如果是自愿的行为，且行为实施者认为是为了公益，至少是为了某项公益，那么就应被视为企业慈善
Wang & Qian(2011)	企业慈善包括企业用于社会公益事业（如教育、文化、艺术、少数民族、健康医疗和灾难救助）的财物捐赠

资料来源：本书根据国外相关文献中对企业慈善捐赠的概念阐述整理所得。

随着企业慈善捐赠热潮的兴起，国内学者对这一概念的讨论也越来越多。赵义隆(2001)认为，所谓企业的慈善行为，是指企业向环保、艺文、体育、保健等关怀社会的活动贡献金钱、实物或劳务的行为。杨团、葛顺道(2003)指出，企业慈善行为是企业承担社会责任的一个重要方面，并将其定义为企业向所在社区或其他一些需要帮助的领域捐赠资金、实物或劳务的一种援助性行为。周秋光、曾桂林（2006）认为，慈善行为是富有同情心的人对遇到灾难或不幸的人不求回报地实施救助的一种社会行为，是对弱势群体高尚无私的支持与奉献。钟宏武（2007）提出，企业慈善捐赠指的是企业将财、物自愿且无偿地赠予与其无任何直接利益关联的个人或组织用于公益事业的慈善行为。徐雪松（2007）指出，企业慈善行为是指企业把资源（包括有形资源和无形资源）用于保护和改善社会福利的活动。田利华、陈晓东（2007）认为，企业慈善捐赠指的是企业出于慈爱之心，为了帮助他人，将自身合法财产无偿赠予对方的行为。陈支武（2008）和赵永林（2008）采用了田利华、陈晓东（2007）的观点。赵琼、张应祥（2007）指出，慈善捐赠是企业在完成其经济使命的基础之上，将一定的实物、资金或服务无偿提供给等待帮助的对象。高勇强等（2011）和梁建等（2010）采用了赵琼、张应祥（2007）的定义。田雪莹（2008）将企业捐赠定义为以企业的名义向符合其捐赠意愿的公益性非营利组织进行的金钱、实物或者劳务等方面的赠与行为，不包含单纯以个人名义所做的此类活动。程文莉（2011）认为，作为捐赠主体的企业将财产无偿给予他人以达到公共目的、贡献社会事业的行为就是企业捐赠。易冰娜（2012）认为，企业的慈善捐赠行为意味着企业将其拥有的资源以无偿的方式向特定对象进行转移。刘英（2014）指出，企业慈善捐赠是对个体或组织的单向帮助和赠送，具有自愿性、无偿性和公益性。

国内文献对企业慈善捐赠的概念界定，如表 2.2 所示。

表 2.2　国内文献对企业慈善捐赠的概念界定

文　献	观　点
赵义隆（2001）	企业慈善行为是企业通过提供金钱、实物或劳务等方式，主动或协助艺文的、体育的、保健的、环保的以及其他关怀社会的活动
杨团、葛顺道（2003）	企业慈善行为指的是企业通过向所在社区以及一些需要帮助的领域或者社区群体提供资金、实物和劳务的援助行为，是企业承担社会责任的一个重要方面
周秋光、曾桂林（2006）	慈善行为是富有同情心的人对遇到灾难或不幸的人不求回报地实施救助的一种社会行为，是对弱势群体高尚无私的支持与奉献

文　献	观　点
钟宏武(2007)	将企业慈善捐赠定义为企业自愿地、无偿地将财物赠送给与其没有直接利益牵连的受赠者用于慈善公益事业的行为
徐雪松(2007)	企业慈善行为指的是企业把资源(包括有形资源和无形资源)用于保护和改善社会福利的活动
田利华、陈晓东(2007)	企业慈善捐赠指的是企业出于慈爱之心,将自身有权处分的合法财产无偿捐献或赠送给合法的受赠对象,达到帮助对方的目的
赵琼、张应祥(2007)	慈善捐赠是企业在履行其社会责任的基础上,将一定数额的资金、实物或者服务捐赠给需要帮助的对象
田雪莹(2008)	企业捐赠是以企业的名义向符合其捐赠意愿的公益性非营利组织进行的金钱、实物或者劳务等方面的赠与行为,不包含单纯以个人名义所做的此类活动
程文莉(2011)	企业捐赠是指企业作为捐赠主体,为了社会事业或公共目的或其他特定目的,将财产无偿给予他人的行为
易冰娜(2012)	企业的慈善捐赠行为意味着企业将其拥有的资源以无偿的方式向特定对象进行转移
刘英(2014)	企业慈善捐赠是对个体或组织的单向帮助和赠送,具有自愿性、无偿性和公益性

资料来源:本书根据国内相关文献中对企业慈善捐赠的概念阐述整理所得。

就在学者们积极探讨企业慈善捐赠内涵的同时,国内外的一些官方组织机构也对此概念有过一定程度的界定,这不仅推动了企业慈善实践,也为企业慈善捐赠理论发展做出了贡献。美国 FASB 于 1993 年提出,企业慈善捐赠是指企业自愿将自身的资产以无条件、单向及非互惠的方式转移给别的实体的行为。我国相应的法规一般用公益捐赠来指代慈善捐赠。《中华人民共和国公益慈善捐赠法》(1999)中规定,企业用于救助灾害、救济贫困、扶助残疾人等困难群体或个人,科学、教育、文化、卫生、体育事业,环境保护、社会公共设施建设等活动或事项,以及促进社会发展和进步的其他社会公共和福利事业,遵从自愿、无偿原则的捐赠行为,适用本法。我国财政部《关于加强企业对外捐赠财务管理的规定》(2003)中如是界定企业慈善捐赠:企业将自身有权处分的合法财产自愿、无偿地捐献给合格的受赠人用于公益事业的行为。《中华人民共和国企业所得税法》(2007)将企业公益性捐赠界定为这样一种行为:企业通过县级以上政府、部门或公益性的社会团体,将其有权处分的合法财产用于《中华人民共和国公益慈善捐赠法》所规定的公益事业。《中华人民共和国慈善法》(2016)将企业慈善捐赠界定为企业法人基于慈善目的自愿、无偿赠与财产的活动,企业捐赠的财产应当是其有权处分的合法财产,包括货币、实物等。

官方组织机构对企业慈善捐赠的概念界定,如表2.3所示。

表 2.3　官方组织机构对企业慈善捐赠的概念界定

组织/文件名称	规　　定
美国财务会计准则委员会(FASB,1993)	企业慈善捐赠是企业以自愿非互惠的方式无条件地、单向地转移现金或其他资产给另外一个实体的行为
《中华人民共和国公益慈善捐赠法》(1999)	企业慈善捐赠指的是企业用于救助灾害、救济贫困、扶助残疾人等困难群体或个人,科学、教育、文化、卫生、体育事业,环境保护、社会公共设施建设等活动或事项,目的是促进社会发展,且非强行或变相摊派,遵从自愿、无偿原则的捐赠行为
《关于加强企业对外捐赠财务管理的规定》(2003)	将企业慈善捐赠界定为企业自愿、无偿将其有权处分的合法财产赠送给合法的受赠人用于与自身生产经营没有直接联系的公益事业的行为
《中华人民共和国企业所得税法》(2007)	企业捐赠(公益性捐赠)是指企业通过公益性社会团体或者县级以上政府或部门,将其有权处分的合法财产用于《中华人民共和国公益慈善捐赠法》所规定的公益事业
《中华人民共和国慈善法》(2016)	将企业慈善捐赠界定为企业法人基于慈善目的自愿、无偿赠与财产的活动,企业捐赠的财产应当是其有权处分的合法财产,包括货币、实物等

资料来源:本书根据国内外官方组织机构的规定中有关企业慈善捐赠概念的内容整理所得。

综上所述,不同的文献或法规对企业慈善捐赠概念的界定虽各有不同,但从本质来看并不存在太大差异。总体来说,企业慈善捐赠具备合法性、自愿性、单向性、客观公益性等特征。结合前人的研究,本书将企业慈善捐赠界定为企业自愿地、无条件地将现金或物资单向转移给与其没有直接利益关联的其他实体并用于灾难救助、医疗卫生、教育发展等慈善公益事业的行为。鉴于目前文献中也出现过企业捐赠、企业公益、企业慈善等说法与企业慈善捐赠相互替代,这些表述从内涵上来讲并无本质区别,本书行文时偶尔也会交叉使用上述几种不同的说法，主要出于表述方便的需要。此外，需补充说明的是，尽管企业慈善捐赠与企业家慈善捐赠字面上存在明显差异，本可以很容易地从慈善的主体加以辨别，然而由于目前我国的企业制度还不是非常完善，特别是对于那些股权集中度很高的企业而言，这些企业很大程度上为企业家个人所有，不管是通过企业名义抑或通过企业家个人名义做出的慈善捐赠，实际操作中大多由企业来出账（潘奇，2011；钟宏武，2007），所以本书对此不再做特殊区分。

第二节　企业慈善捐赠的理念与动机

一、企业慈善动机

现有研究表明，企业从事慈善捐赠可能出于不同的动机，国内外大量重要的相关文献对此进行了不同角度的阐释。结合并借鉴 Campbell et al.（2002）、Aguilera et al.（2007）、Schwartz（2003）、Garriga ＆ Mele（2004）等学者的解析，本书将企业慈善行为背后的动机主要归为利他动机、经济动机、制度合法性动机、管理层效用动机这四大类进行综述，其中数利他动机和经济动机这两种最为典型，并且与本研究密切相关。

（一）利他动机

许多企业从事慈善活动可能是出于纯粹的利他动机。这种观点认为，作为超出经济、法律和伦理等责任的自愿行为，慈善捐赠的动机主要是被企业管理者所具有的社会责任情感或利他主义使命感所驱动。因此，企业是否支持慈善的决定将取决于决策者良知，企业管理者对特定社会问题的同情心越多，企业越可能从事慈善捐赠。这种观点的实践意义在于，企业决定是否进行慈善捐赠时，往往受到参与决策者个人因素的影响。Fritzsche(1995)发现管理者的价值观可以被用来预测他在商业环境下的某些行为。Cowton(1987)对英国 79 家公司的调查发现，有 60 家慈善捐助是出于社会责任情感和利他主义原因。Marx(1999)在部分管理者当中调查企业慈善捐赠的目的，调查结果显示，83.5％的受访者认为企业从事捐赠是为了种族和谐,93.8%的受访者认为企业捐赠的目的是提高社会的服务水平,96.4%的受访者认为是为了改善其所在社区的生活品质。Cowton(1987)也发现,当从事捐赠活动的企业被问及其动机时,利他是被提及最多的字眼。类似地,Campbell et al.(1999)通过对64家食品分销商和制造商慈善行为的实证研究,认为企业家的社会责任情感是企业愿意捐献的主要驱动因素,企业慈善更多是慈善决策者在特定时间内真实情感和行为的反应。依据马斯洛需求层次理论,徐雪松、任浩(2007)构建出企业从事慈善捐赠活动的"需求—动机"模型,提出企业的捐赠动机会由于其所处的发展阶段而表现出差异性。例如,当企业处于成熟期,那么企业从事捐赠的利他动机可能会更强,因为此时企业获取社会尊重以及自我实现的需要占据主导地位。

利他动机符合企业公民慈善观的主导思想。社会契约理论是企业公民慈善观的基石(斯蒂纳、张志强译,2002)。社会契约理论强调企业公民是权利和义务的统一体,一方面社会赋予企业必要和合理行动的职权,如将已有资源有效转化为社会所需产品的权利等;另一方面,与享有权利相对应的是,企业也有义务以符合社会利益的方式实施行为,而这正是企业公民的本质所在(蔡宁等,2009)。此外,也有一些学者从企业公民内涵的界定来探讨企业履行慈善责任的必要性。例如,Carroll(1991)认为,在较为宽泛的意义上,企业公民行为与企业慈善行为是可以等同起来的,这是因为企业作为社会团体公民就必须积极参与慈善以及相关社会问题的解决,要成为一个"好的企业公民",更加需要通过从事慈善活动等方式来回馈社会。当然,也有不少文献在Carroll(1991)概念阐释的基础之上进行了修正,倾向于突出可持续发展(Marsden,2000)等企业社会责任的其他相关方面,但基本上慈善行为都被视作企业公民行为的重要部分。而从政治视角出发,Matten & Crane(2003)对企业公民做出了另一番解读,他们指出并不能将企业简单地作为一个团体公民来看待,企业应该是为个体公民提供社会权利、民事权利及政治权利的主体,在整个社会体系中,企业应当承载部分政府职责,维护个体公民的权利,而且有责任采取包括慈善行为在内的多种方式参与到社会问题的解决中,这一观点与前述企业公民概念大有不同。

总之,从企业公民思想出发,慈善捐赠是良好企业公民形象的一种外在标志，是企业社会责任的重要表现，企业慈善行为的动机主要源于积极主动履行公民义务的主人翁意识以及对社会公共福利提升的追求（Davis et al.，1988；Neiheisel，1994；Sharfinan，1994；Campbell et al.，1999；Sanchez，2000；Campbell et al.，2002；Cowton，1987；Shaw & Post，1993）。然而，伴随经济全球化的加速发展、行业竞争态势的急剧激烈化，那种纯粹意义上的、完全的利他性慈善动机会显得不太切合实际，企业从事慈善捐赠活动还很有可能是出于自利的考虑。

（二）经济动机

企业从事慈善活动还可能是出于经济动机，这种观点是在企业应不应该承担社会责任的争论中发展起来的，其思想基础主要可以归结为"做好事会有好报""好的社会绩效会导致好的财务绩效"，持这样观点的学者认为企业是否从事慈善行为完全取决于该行为是否有利于企业产品销售和公司长远利益。因此，从这个角度来看，慈善行为可以被看作类似研发费用的战略性"投资"，企业在帮助社会解决问题的同时，也可从中获利。Fry et al.（1982）用 IRS 的收入统计资料针对 1946—1973 年 36 个行业组织检验其潜在的捐赠动机，发现捐赠与广告费用正相关，也就是说，那些和公众联系较多的公司在捐献上花费更多，即慈善捐献实际是一个利益动机支出。由中国企业家调查系统调查发布的《中国企业经营者成长与发展专题调查报告（2007）》统计数据显示，在我国有大约 71％的企业家承担慈善等企业社会责任的目的是为了"提升企业的品牌形象"。这也就意味着，一般而言，经济考虑是企业从事慈善的首要动因。山立威等（2008）利用"5·12"汶川大地震发生后我国 A 股上市公司的一系列捐款数据进行实证研究，发现企业从事捐赠行为存在较为明显的广告动机，与其他公司相比，产品直接接触消费者的企业其捐款数额平均多出了一半，且更加倾向于采取现金捐赠等可以带来较大社会反响的捐赠方式。

从理论推导和实证研究的结果看，现有许多研究都认为企业慈善行为可以通过多种途径获得利益。例如，从市场营销的角度分析，媒体和消费者更容易对企业的慈善捐赠行为形成高度关注，这种广告效应不仅可以大幅增加企业的产品销量，还可以降低企业的广告成本。Levy & Shatto（1979）研究发现，企业的广告费用与前期的捐赠金额呈负相关关系。Fry(1982)、Navarro(1988)等通过模型和实证分析进一步指出,企业培育品牌声誉的过程中,慈善捐赠可以替代广告支出,在一定程度达到广告投放的效果。

同时慈善行为也可以直接影响企业销售。Creyer & Ross(1997)通过调查研究发现,富有道德感的公司更受消费者的青睐,消费者倾向于以支付更高的价格来回报积极履行企业社会责任的公司,而缺乏道德感的公司则会受到来自消费者诸如支付低价的惩罚。Brown & Dacin(1997)研究表明,企业履行慈善捐赠等社会责任行为能够使得消费者改变对企业品牌的认知,从而对消费者的购买决策产生正面影响。Sen & Bhattacharya(2001)亦证实了企业承担慈善捐赠等社会责任水平的高低会显著影响到消费者对企业产品的评估。在针对中国消费者的研究中,周延风等(2007)也发现,其他条件相同时,消费者更加愿意对主动履行社会责任的企业进行正面评估,并对其产品产生更强的购买意向。

企业积极履行慈善责任是树立良好品牌声誉的重要途径,有利于企业内外部环境的优化以及财富的创造。Williams & Barrett(2000)和Fombrum & Shanley(1990)的研究皆表明了当企业声誉受损的情况下,可以利用慈善捐赠进行有效修复。Greening & Turban(2000)认为慈善捐赠行为可以鼓舞员工士气和提升员工生产率。Brammer & Millington(2005)利用英国大型工业企业的数据实证研究发现,企业的声誉与其公益捐赠的水平往往呈正相关关系,企业从事慈善捐赠活动可以维护企业声誉,甚至挽回企业由于其他一些不负责任的行为所造成的声誉损失;而且企业以捐赠现金的方式一般比捐献员工服务的方式所能够取得的声誉效应更佳,因此为了更加有效地实现其声誉效应,企业应更多地采取捐赠现金的慈善方式。此外,Barron(2001)认为慈善捐赠可以刺激革新或者改善行政当局和特定利益集团关系,帮助企业获取竞争优势(Porter & Kramer,2002),或者通过增强合法性而增加获得关键资源的机会(Arthur,2003)等。

综上所述,结合经济学、管理学、心理学等不同的学科知识,国内外学者对企业慈善捐赠的经济动机做出了理论分析和实证检验。总体而言,这类观点指出企业从事慈善捐赠活动除了可以节约广告支出外,还能够树立或修复企业的品牌声誉,并帮助企业获取关键资源、构建独特竞争优势，达到经济目标与社会福利相协调和兼容的局面。应该看到慈善捐赠的经济动机，从全新角度诠释企业慈善行为，也为后续战略慈善研究奠定了基础。

（三）制度合法性动机

近年来，制度因素对企业慈善行为的影响越来越受到国内外研究者的重视。部分研究者发现经济动机并不能完全对企业慈善捐赠进行解释。比如，Burt(1983)研究发现所得税减免政策并没有对企业慈善捐赠产生作用。这促使学者们利用其他理论对企业的慈善动机进行解释。

制度理论认为：组织作为社会制度系统的一部分，是与其功能相区别的价值取向和意义的载体，当社会环境控制组织如何构建和如何向外代表自身时，组织内部的实际行为就可能远离其正式规则。因此，当制度力量很强时，组织内部的个体就会出现脱离自身规则的"从众"行为。企业、管理者、员工等作为个体单元都是镶嵌在整个社会系统中，这种镶嵌使得个体单元与社会之间形成"社会契约"（斯蒂纳，张志强译，2002），即社会赋予企业将资源有效地转化为社会所需要的产品和服务的权利，但企业也必须在法律及社会伦理允许的范围之内来行事。企业作为一个重要的社会主体，社会系统中的各规范化程序和结构网络都可能会对企业的行为产生深刻的影响，尽管它们可能来自公司外部，比如同行压力（peer pressure）。Gan(2006)研究认为这些压力主要表现在三个方面：一是政府可能强加规则制度给行业，要求企业担负承诺成本；二是公众可能组成利益团体（如非政府组织）利用法律或者经济行为来对抗企业；三是媒体可能用负面的方式报道公司的行为。因此，在这样高度公众审视的环境下，慈善捐赠可能成为获得声誉和影响力的手段。Galaskiewicz(1997)研究也认为慈善行为往往是证明企业向社会环境做出响应的一个有力工具，企业管理者进行慈善行为最常见的理由是因为公司对社会负有道德义务。而且在现代社会中，随着受教育人口的增多，公民的社会意识逐渐加强，企业的行为也越来越透明，来自非政府组织、媒体舆论和消费者等方面的压力会进一步促使企业管理者认为，即使慈善活动不会带来任何绩效，但不从事慈善则会带来严重社会后果，因此，当有某个企业由于从事慈善行为而被高度关注时，其他企业尤其同行业的企业必然承受巨大压力而不得不进行捐助活动。Useem(1988)研究也证明来自其他企业的压力对于公司决定是否捐赠及其捐赠水平都有相当重要的影响。Crampton(2008)研究认为,与灾难事件联系越是紧密的公司和个人,他们对灾难反应的压力就越大,而这不断增加的压力可能会导致捐献的水平更高。Campbell(2007)认为,经济因素如财务状况、市场竞争情况会对企业慈善捐赠行为产生影响,但这种影响受到很多制度因素的调节,从而影响经济因素的作用程度和范围,强有力的法规、有效的行业自律、社会对企业慈善行为或者社会责任的普遍预期等因素都会促使企业更可能采取慈善行为。

总之,企业慈善动机制度压力说以制度理论为基础,大大拓展了社会伦理契约观的观点,对企业从事慈善捐赠行为的动机亦具有一定的解释力。

(四) 管理层效用动机

慈善捐赠的另一种动机是管理层效用动机,该观点主要基于管理层的自由裁量权模型,这一模型依赖于股东对管理层监控不充分、现代企业所有权和管理权分离的假设前提(Williamson,1964),此假设前提为企业管理层逃避企业价值最大化责任提供了机会。在现代公司治理的框架下,由于所有权与经营权的分离,职业经理人对于公司的剩余价值并无索取权,由此产生了代理问题。那么,经理人为追求自身效用的最大化会滥用手中所掌握的剩余控制权,使得可控利润成为其实现自身效用最大化的工具。管理层将"有自由决定权的那部分企业利润",即超过股东所要求最小利润的部分投资到那些管理层有个人偏好的消费领域,比如奢侈的办公家具、过度的人员、超出正常范围的高额薪酬等,而这些消费会对企业管理层的身份、地位、安全以及声誉带来极大推动。在此背景下,企业的慈善行为容易落入管理自由裁量权模型框架中,特别是当慈善捐助水平大于企业最大化利益所必需的水平时,可能会被看成企业管理者为获得个人声誉而采取的有偏好性消费。经理人将其可控利润投入企业捐赠中,导致捐赠金额比企业利润最大化下应有的捐赠水平高,在此情况下,企业捐赠沦为经理人出于提升自身社会声望的手段,而非基于增加公司价值、维护股东利益这方面的考虑(Fry et al.,1982)。Haley(1991)研究表明,管理者以企业名义参与慈善活动很可能更多源于对自身效用的追逐而并非为了达到利他亦或战略目的。Arulamnalam & Stoneman (1995)认为，企业捐赠在不少情况下是经理人个人利他主义倾向的彰显。Brown et al.(2006)运用理论模型和实证检验，研究发现公司捐赠背后存在着管理层为自身谋取名誉的动机。

Galaskiewicz(1997)认为，慈善捐赠的管理层效用动机关键是委托人控制问题，如果企业管理者同时是企业所有者或者企业股东，则捐赠的可能性就很小，所有者一般不愿意将自己企业的利润捐献给慈善事业；而当管理者拥有很大的自由裁量权时，即所有权分散或者股东很难控制管理者的情况下，慈善捐赠等行为将更可能发生。对企业慈善行为持批评意见的学者认为，管理层慈善捐助更多是为了他们自己的目标和社会地位(Balotti & Hanks, 1999)，而不是为了企业利益最大化，因而损害了股东利益，慈善捐赠仅仅是一种代理成本(Williamson, 1964；Jensen & Meckling, 1976)。而 Wang & Coffey(1992)研究发现，董事会内部人员比重与慈善捐赠正相关，内部董事持股份额与捐赠正相关，所有权的集中度与捐赠没有线性关系。Navarro(1988)利用净资产负债率和每股收益这两个管理层自由裁量权间接测量指标进行检验，发现管理层控制和慈善捐赠之间并没有实质性关联，说明管理层个人利益动机驱动因素并不明显。Galaskiewicz(1997)发现，在所有权更集中的公司，慈善捐赠更少，公司 CEO 拥有超过 10% 股份的公司将捐献更少。Brown et al.(2006)研究发现，企业董事会规模与企业慈善捐赠呈正相关关系，因为董事会规模越大，越难受到控制，其自由裁量权就越大；由于受到债权人的有效控制，企业参与慈善捐赠的可能性与其负债率呈负相关关系。

尽管慈善捐赠的管理层个人动机说在实证方面仍呈现出较大的不确定性，但这些探索为企业慈善捐赠的动机研究提供了新的理论视角。

二、战略慈善观的形成

上述四种慈善动机中，利他动机和经济动机最为典型，战略慈善观从某种意义上来说，可谓是对这两种动机的整合和折中。

许多研究表明，在改善社会福利的同时，慈善捐赠行为也能够为促进企业自身的发展带来诸如声誉资本、员工忠诚、政府认同及商业环境改善等诸多方面的无形资产(Turban & Greening, 1997；Fombrun et al.,

2000；Porter & Kramer，2002；Jensen，2001），进而增加企业的销售额、提升企业利润、保障股东价值的实现。因此，许多学者认为应该将慈善捐赠作为一种工具以实现公司特定的战略目标，即实施战略性慈善（Post & Waddock，1995）。

战略慈善观创造性地实现了企业获取自身利益与履行社会责任的内在统一，以达到组织利润和社会福利的同向改进为目标（McAlister et al.，2002；钟宏武，2007），迅速得到了学术界的广泛认同。然而，实施慈善就一定能够产生战略效果吗？从实证结果来看，大部分文献的研究结论都支持慈善捐赠与企业绩效之间的正相关关系，但也有一些文献得出了不同的结论。例如，Margolis & Walsh（2003）对 2002 年之前所发表的研究企业社会绩效与财务绩效关系的重要论文进行统计，结果显示其中有 54 篇文章得出二者之间正相关的结论，有 28 篇文章研究发现二者之间不存在显著的相关关系，有 7 篇文章得出二者负相关的研究结论。又如，利用事件研究法，Muller & Kräussl（2008）实证分析了慈善捐赠与企业市场绩效之间的关系，没有发现二者之间显著的相关关系。而同一时期 Wang et al.（2008）研究却发现慈善捐赠与企业财务绩效之间呈非线性关系。Lev et al.（2010）研究发现企业慈善捐赠对未来财务绩效有显著正向影响，但企业当前的财务绩效同未来慈善捐赠水平之间却无任何相关关系。就国内文献而言，关于慈善捐赠与企业绩效关系的研究同样未能达成一致结论。例如，钟宏武（2007）采用我国上市公司数据展开实证分析，研究表明慈善捐赠与企业绩效之间并不存在明显的相关关系。而山立威等（2008）却发现企业从事慈善捐赠有利于提高其产品销售额和利润水平，其研究还表明企业的慈善捐赠水平会受到企业规模、企业盈利能力等因素的影响。这与国内其他一些学者（樊建锋、田志龙，2010；卢现祥、李晓敏，2010）的研究结果相符。

尽管目前慈善捐赠影响企业绩效的相关实证研究结果仍存在不少争议，不过总体而言，学术界和企业界还是较为广泛地认同战略慈善的观点，这是因为战略慈善观较好地实现了企业自身利益与社会责任履行这两方面之间的协调和平衡。战略慈善观在充分承认企业追求利润最大化目标的同时，亦为企业作为社会公民积极主动履行社会责任提供了新的理由。

三、慈善捐赠的动机认知

企业积极从事慈善捐赠存在上述利他的、经济的、制度合法性的和管理层效用的这样几种动机，那么利益相关者如何认知企业的捐赠动机就显得尤为重要。Godfrey(2005)指出，好的行为必须是出于好的动机才能形成积极的声誉资本，好的动机即企业使命、远景和特征的真实表现，而那些讨好迎合公众的行为是动机不纯的伪善行为。Bae & Cameron(2006)认为，同样的公司亲社会行为会产生不同结果，可能的原因正是在于公众对企业亲社会活动动机的怀疑程度。善因营销被认为是有条件的慈善活动，而有研究就认为善因营销只会引起公众对公司慈善活动背后动机的怀疑，赞助也被认为是"受污染"的慈善捐赠活动，因为发起人享受了在相关活动和事件中宣传自我品牌的专有权，从而增加了企业利用社会事件获取私利的可能性。Creyer & Ross(1997)指出公益事业营销很难降低公众对公司行为不良动机的怀疑。Bae & Cameron(2006)研究认为，公众对慈善动机的怀疑主要是出于动机认知的心理。归因理论指出，当人们对他人行为进行评估时，倾向于高估个体内部因素的影响，而容易低估环境等外部因素的作用，即犯了基本归因错误。Fein(1996)研究也发现在外部环境压力之下，人们往往有一种稳定和强烈的倾向将目标行为错误地归结为目标的内部原因。

另一方面，怀疑理论指出怀疑是认知者在处理认知行为的真诚程度时，面对几种似是而非却又相互竞争假设情况下的一种动态(Fein,1996)，因此当认知者很难清晰推断目标动机或者当他们面对多重甚至相互矛盾的动机时，认知者就会对目标产生怀疑(Szykman et al.,2004)。将怀疑理论用于企业慈善活动，很明显就会出现公众对企业这个营利性机构动机的怀疑，因为企业参与慈善捐赠有可能是为了获得公司自身利益，也有可能是无条件将财产捐献社会以提高社会福利，冲突的动机在利益相关者心中是不相容的，对于利益相关者而言，推断企业动机的真实意图通常较为困难，最后导致利益相关者怀疑企业慈善背后的真实动机，而这种怀疑心理则可以降低他们的基本归因错误。同时，Bae & Cameron(2006)研究发现企业之前的声誉会影响公众对企业慈善捐赠行为动机的认知，当企业有良好声誉时，公众会将企业慈善捐赠看成社会和企业互利双赢的行为；如果企业之前声誉较差，公众会认为企业慈善捐赠是自私自利的行为。同样地，Rifon et al.(2004)提供证据表明企业与慈善事件的匹配性影响了认知的动机，进而影响对公司的信任度和态度，企业与慈善行为之间匹配越高，越能促进公众对企业正面评估。然而，也有研究者认为，有些企业从事的慈善活动与其核心产品业务太过相关，高度的匹配性可能导致公众的这样一种认知，即企业正在利用其公益事业赞助人的身份来谋取私利，因而高度匹配可能带来适得其反的效果。

综上所述，既有文献表明，企业生存在社会和产业的情境中，一方面，履行慈善等社会责任是利益相关者对企业的必然要求；另一方面，企业承担不同的社会角色时，也可能受到不同的动机所驱使（Aguilera，2007）。面对慈善捐赠复杂的动力机制，国内学者蔡宁等(2009)构建了企业慈善动因的多层分析模型，该模型从三个层次探讨企业慈善行动的基础与特点，并从利益相关者角度考察了慈善动机的内外部压力来源。还有学者从观察者的角度来讨论慈善动机问题。Godfrey(2005)认为，慈善动机不仅仅涉及企业自身的动机出发点，还与公众等利益相关者如何看待和认知动机密切相关，会受到观察者所持价值观以及慈善行为本身信息传递等因素的影响。由于慈善是企业的一种自愿性行为，其背后的动机不应当是出于经济、法律甚至道德目的，而应该是企业愿景、使命和特征的真实体现，这样才称得上"好的"动机。除此之外，那些迎合社会和公众等利益相关者的慈善行为都只是伪善。Godfrey 对慈善动机的分析展现了一个全新的视角，帮助研究者跳出已有的分析框架，从利益相关者认知这一角度为后续研究提供了新的思路。

第三节　慈善捐赠与企业绩效关系

本节主要围绕"慈善捐赠与企业绩效之间的关联性"这一核心议题，回顾、梳理国内外主要相关文献以掌握研究进展并发掘新的分析切入点。以往国内外文献对两者之间的关系众说纷纭，本部分对具有代表性的理论探讨和实证分析进行综述，以便对两者之间的关系研究形成更加完整、全面的认识。

一、慈善捐赠与企业绩效关系的理论解释

纵观已有文献，对于慈善捐赠与公司绩效这对关系内在逻辑的理论解释主要遵循了利益相关者理论、资源基础理论、制度理论、伤害保险理论、委托代理成本理论等视角，接下来将分别对这些不同视角下的理论研究进行梳理，其中利益相关者理论和资源基础理论视角下的理论研究与本研究的联系最为紧密。

(一) 利益相关者理论

Jones(1995)等学者从利益相关者理论视角出发，认为企业从事慈善等社会责任行为会令各利益相关者对企业产生好感，使企业得以凭借利益相关者关系的改善来提升企业价值。Freeman(1984)将利益相关者定义为受某个组织目标实施过程影响或有能力对某个组织目标实现施加影响的个体或群体。利益相关者对组织施加影响的方式主要体现为：通过对某个组织的评价决定是否向将该组织提供自身所拥有的合法资源。换句话说，某个组织能否获得所需资源以及获得资源的成本大小一定程度上取决于利益相关者对该组织的评价，所以一个组织的发展受到该组织所面对的利益相关者的推动或限制(Hsu & Hannan, 2005)。企业的利益相关者主要包括股东、供应商、客户、政府、社区等。与传统股东权益至上论不同的是，利益相关者理论认为公司治理不能仅仅关注股东权益，而应该致力于综合平衡所有利益相关者的整体利益，因为任何一个企业的持续发展不单单是依靠股东的投资，而是所有利益相关者共同参与和投入的结果(Freeman, 1984; Clarkson, 1995)。另一方面，利益相关者理论指出，企业的管理者与利益相关者之间能够形成一种互利的契约关系，这种契约关系可以对管理者的行为形成有效监督，防止管理者做出损害股东权益的事，在一定程度上缓解代理问题的弊端(Freeman & Evan, 1990; Hill & Jones, 1992; Jones, 1995; Orlitzky et al., 2003)。

譬如，从企业与投资者之间的关系来看，如果一个企业具有较好的社会责任表现，则该企业往往能够吸引对公益慈善较为敏感的那些投资者，从而有助于该企业从这类投资者那里争取到更多的资本资源(Barnett & Salomon, 2006; Graves & Waddock, 1994)。从企业与内部员工之间的

关系来看,一个企业如果表现出良好的声誉和形象,会激发其内部员工的归属感和忠诚度,因而企业履行社会责任可以更有效地吸引和激励那些优秀员工,促进企业生产率的提高(Turban & Greening,1997)。从企业与消费者之间的关系来看,社会责任感强的企业通常可以吸引很多关怀社会福利的消费者,使得这类消费者更加愿意购买该企业的产品或服务,从而帮助企业在原有差异化策略的基础之上形成新的竞争优势(Bhattachropy & Sen,2003)。此外,从政企关系的角度来看,如果一个企业积极主动地承担起社会责任将很有可能使政府减轻对它的不当管制(贾明、张喆,2010;Wang & Qian,2011)。

伴随对这一主题研究的不断深入,也有文献主要从中介效应的角度来剖析企业社会责任影响企业财务绩效的内在机理(Hansen & Dunford,2011;Maignan et al.,1999)。相关研究大致是从员工忠诚度和消费者满意度这两条中介机制来进行分析,为企业社会责任与企业财务绩效之间的关系研究奠定了更为扎实的理论基础,也有利于实现该主题与其他主流管理学研究之间的更好衔接。

一方面,从员工忠诚的机制来看,既有文献区分了内部雇员与潜在雇员忠诚度对企业社会责任与企业绩效关系的中介效应。首先,对于正式员工而言,社会认同理论指出,个体对其所属特定群体的认同程度会显著影响他在该群体当中的态度和行为表现。企业履行社会责任能够很好地展现出企业的良好品质,树立起企业的光辉形象和品牌口碑(Sen & Bhattacharya,2001;Fombrun & Shanley,1990),而这会激发内部员工对自己所处企业的认同感,特别是在员工自身也非常关注社会发展的情况下,企业高的社会责任表现会使得员工倍感骄傲和自豪,从而激发他们对组织更高的满意度和忠诚度,促使他们更多地做出组织公民行为(Brown & Dacin,1997;Turban & Greening,1997)。Greenberg & Cropanzano(2001)研究指出,员工不仅仅在乎自身是否被公司公正对待,还关心企业用什么方式来对待他人,如果他人受到公司的不公平待遇,自身也会产生同理心,就像自己的诉求没有得到满足一样,即所谓的"道义公平"论。Hansen et al.(2011)研究认为,企业的内部员工既关心自己受到的待遇,也可能会根据企业对待他人或社会的方式来对企业做出反应(Greenberg & Cropanzano,2001;Folger et al.,2005)。所以如果企业的内部员工感知到企业行为与社会的期望或要求相违背，他们自身也会感觉受到了不公平的待遇，从而在工作中产生消极情绪；相反，如果企业的内部员工感知到自己所从属的组织积极履行社会责任，拥有良好的社会声誉，他们就会产生组织认同感和回报组织的意识，工作时态度更好、效率更高（Rupp et al.，2006），也会对当前的雇佣关系更加满意，使企业的离职率降低（Blau，1964；Organ，1988）。

其次，高的社会责任表现会塑造企业良好的社会声誉和组织形象，吸引潜在的应聘者（Fombrun & Shanley，1990；Olian & Rynes，1991）。信号理论（signaling theory）指出，企业的相关属性向外部提供了关于企业形象的信号。Fombrun & Shanley（1990）、Rynes（1991）等研究认为，求职者被吸引至企业应聘主要是基于对企业形象的认知。Wanous（1992）指出，求职者需要完整准确的组织信息来满足他们的需要，然而求职者对企业信息的了解往往是不完全的，他们只能通过对所接收到的零散信息的解读来推测他们未来的工作环境。像企业对待多种族的政策就很可能影响求职者是否愿意成为该企业的员工，因为这个政策是关于将来工作环境状况的一种信号（Williams & Bauer，1994）。企业履行慈善捐赠等社会责任行为也会成为企业价值观的一种信号，这种信号将影响求职者对公司工作环境的认知，进而影响企业作为雇主的吸引力，因为慈善捐赠通常可以帮助企业树立起对社会问题负责的良好形象和正面声誉，从而吸引更多的求职者。企业公平对待少数民族、女性等群体的政策规定往往会吸引更多的潜在雇员前来应聘，因为企业的这种政策规定向潜在雇员传达了企业公正的价值观（Chatman，1989；Williams & Bauer，1994）。国内很多大型公司在进行人才招聘时会散发一些小册子给潜在求职者，小册子上专门介绍了公司慈善和环境等社会责任项目，可以看出，企业已经有意识地将社会责任作为人才招募的工具使用。

另一方面，从消费者满意的机制来看，慈善捐赠等企业社会责任行为如何影响消费者认知和消费者行为成为企业社会责任文献的一个重要研究领域（Sen & Bhattacharya，2001；Menon & Kahn，2003；Cornwell & Coote，2005；Marin et al.，2009）。随着经济社会的发展与进步，消费者对企业的认知已经不限于低价和合格商品，他们需要对企业有更多了解，企业社会责任行为成为影响消费者行为的重要因素之一。一般而言,与企业、政府不同,个体消费者在进行购买决策时由于缺乏对产品的充分了解和专业知识,更容易受到广告等因素的影响,所以如果企业积极承担社会责任,彰显对社会负责的态度,则会起到广告效应,增加品牌的识别度(Hsman et al.,2006)。特别是在产品质量无法轻易辨别的情况下,企业利用社会责任行为可以向消费者传递出产品的高品质信号,引导他们的消费决策(Bhattacharya & Sen,2004)。Maignan et al.(1999)认为,企业承担社会责任行为会向公众传递出企业响应顾客诉求、严控产品质量、重视售后服务等信息,进而对消费者的购买意愿和购买决策产生显著的正向影响。Lev et al.(2010)也支持消费者满意度对企业社会责任与企业财务绩效之间关系发挥显著中介效应的观点。

(二)资源基础理论

在利益相关者理论的基础之上,资源基础理论针对慈善捐赠与企业绩效的关系研究做出了进一步的拓展。资源基础理论认为企业的核心竞争力主要源于自身所拥有的那些稀缺的、有用的、难以被竞争者所模仿的独特资源,因此资源基础理论强调从企业内部来构建异质性资源,而社会责任行为能够为企业获得上述异质性资源创造条件。

Hart(1995)较早基于资源基础理论视角构建模型分析环境保护领域的社会责任战略为企业赢得特殊资源并带来持续竞争力的机制路径。继承此观点,Russo & Fouts(1997)将企业的异质性资源细分为有形资源、人力资源、无形资源这三个维度,进一步分析了企业在环境保护领域的社会责任水平提升企业竞争优势的内在机理。与此不同的是,Surroca et al.(2010)研究认为,有形资源的贡献实际相对较小,而无形资源的获取才是企业社会责任水平影响企业绩效的主要路径。Surroca et al.(2010)将创新资源、人力资源、声誉和文化这四个层面纳入无形资源的范畴,认为企业通过积极承担社会责任可以维护与关键利益相关者之间的关系,这对创新资源、人力资源、声誉和文化等企业无形资源的开发有利,进而使企业的资产利用更加有效,竞争优势得以增强。

类似地,Porter(2002)基于资源基础理论从竞争优势的层面分析了慈善捐赠的影响，认为企业竞争环境由四个决定着企业潜在生产效率的要素组成，这四个相互关联的要素包括生产要素、需求情况、战略和竞争环境以及相关和支持性产业。首先，企业高生产率的实现有赖于良好的生产要素，比如技术专业化的员工、高质量的科研水平、完善的基础配套设施、透明而高效的行政管理程序以及充足的自然资源等。企业慈善捐赠行为对以上所有领域都可能产生影响，如慈善捐赠于教育领域可以改善当地教育水平，给企业带来经济效益的方式则是提供了更多的高素质人力资源储备。慈善捐赠也可以改善劳动力之外的其他生产要素，比如提高当地研发机构的技术水平，改善基础设施质量，或者可持续地开发自然资源等。其次，一个国家或地区的需求条件包括当地的市场规模、当地顾客的成熟度等。顾客成熟度要求企业不断了解顾客需求，并促使企业持续进行创新，从而提升该地区企业的竞争力。慈善捐赠活动对需求条件的影响，主要表现在既影响当地的市场规模又影响需求的质量。比如，思科网络学院通过为客户培养网络管理员而改善需求状况，既扩大了市场，又提高了用户的成熟度，引起用户对更高端解决方案的兴趣。再次，一个国家或者地区为约束竞争行为所设立的各种制度、政策、激励机制以及规范等，如鼓励投资政策、保护知识产权、开放当地市场等方面的宏观因素都会从根本上影响企业生存和发展，慈善捐赠活动对营造一个更有效率、公开透明的竞争环境至关重要。例如，由美国公司和其他国家政府支持的透明国际组织在全球范围内揭露和遏制腐败，这种行为不仅为各赞助企业进入市场打开方便之门，也对当地发展有益。最后，高水平的支持性产业和相关产业服务是决定企业生产效率的重要因素之一，尽管企业可以从其他供应商那里采购产品，但效率会降低，企业与供应商越近，对市场的响应速度就越快，企业之间信息交流就越方便，而慈善活动可以推动企业所在产业集群的快速发展。但慈善捐赠改善了竞争环境，同组群或同地区的其他企业甚至竞争对手往往也可以分享到整体竞争环境改善所带来的好处，出现"搭便车"的问题。"搭便车"问题的存在可能使波特提出的战略性慈善捐赠活动所产生的价值丧失，比如企业慈善捐赠活动创造需求，但是这些需求可能被竞争对手所获取；企业为改善当地基础设施进行捐赠，当地所有企业都因此而受益。尽管波特也给出了一些对策，似乎仍无法彻底解决这一问题。

（三）制度理论

基于组织社会学的制度理论，企业总是嵌入于特定的社会制度环境之中，良好的社会责任表现可以帮助企业建立制度合法性的保护伞，减少外部威胁，保护自身实力（Moir & Taffler，2004；Neiheisel，1994）。

所谓企业的制度合法性，本质上并不是企业自身的某种属性，而是企业在社会网络体系中被利益相关者群体所赋予或加于的一种社会性特征，它体现了利益相关者对企业的经营活动是否符合社会制度要求或期望的关注（Perrow，1970；Suchman，1995）。也就是说，企业的经营行为需要与利益相关者群体的要求或期望相一致，而一旦企业行为违背了利益相关者的要求或预期，就会招致利益相关者向企业施加压力，损害企业存在和发展的制度合法性。如果企业的经营范围只是集中于某个区域内，那么该企业的商业经营行为只需要与其所在区域内社会公众的要求和期望相一致；若企业经营范围覆盖多个国家、地区甚至在全球范围内从事经营活动的话，要想企业获得成功，就应该具有全球视野，努力实现自身行为与全球社会公众普遍预期之间的一致性。由于企业行为实际是企业价值观的一种折射，这也就意味着，企业的价值观是否与社会价值观相符是企业获取社会认可从而建立或维持其制度合法性的关键。具体而言，当企业自身所崇尚的价值观符合社会公众的价值观时，企业的存在和发展就具有了制度合法性；反之，当企业价值观与整体社会价值观相冲突，企业的制度合法性就会陷入困境、面临威胁。

为了维护自身的制度合法性，企业会通过各种途径努力满足各利益相关者的诉求。例如，Lindblom（1994）研究指出，企业获得或维持合法性有四种途径：一是企业凭借宣传及信息披露增加透明度，将自身情况及时传递给社会公众，使利益相关者能够更清晰地注意到企业行为与社会价值观预期之间的一致性；二是通过转移公众注意力的策略规避来自利益相关者的压力和威胁；三是通过一定方法使得公众对企业行为的感知或是对企业自身的要求和期望发生改变；四是企业主动以社会公众的需求为导向，相应地调整自己的行为。Patten（2002）研究指出，企业承担社会责任是建立或维护其制度合法性的一种积极努力，企业主动承担社会责任可以向社会公众传递企业价值观与社会价值观相一致的信号，从而赢得社会公众的正面反应和支持，帮助企业树立起良好的品牌形象，达到维持自身制度合法性的目的。Sims(2003)研究认为，企业从事慈善捐赠活动有利于获取政治方面的声誉，并且使企业与行政当局建立良好的联系，从而有利于接近政府资源，获取政治资本，发挥政治影响力，所以说慈善捐赠是企业从政府那里获取政治合法性资源的有效手段。Ma & Parish(2006)针对处于经济社会快速转型时期的中国民营企业的慈善捐赠行为进行研究，发现这类企业倾向于借由向政府捐款来取得政治合法性。尤其在转型经济的背景下，承担社会责任更是成为私营企业克服资源劣势的有效途径(Ahlstrom & Bruton, 2001)。

依据制度理论，存在一组由无数条款构成的社会契约，将企业与其外部环境紧密相连，使企业嵌入于整个社会网络体系中。这组社会契约赋予企业一系列的权利，如使用资源、劳动力等要素生产商品、提供服务，但同时企业行为也要受到这组社会契约的约束，如企业不当排放废弃物给社会环境造成严重污染时，其生产经营活动的合法性就会受到社会公众的否定，导致其生产经营活动乃至企业的生存遭受来自社会体系的威胁，给企业绩效带来负面影响。制度理论强调，作为社会单元，企业面临特定的社会规范，为了更好地生存和发展，企业必须适应环境的期待，这些期待承载了制度的要求(Oliver, 1991)。所以，公司慈善捐赠的合法性在某种意义上是社会制度化的必然结果(Sharfman, 1994)。

(四) 伤害保险理论

Godfrey(2005)基于对以往描述慈善捐赠诸如减轻企业不良行径造成的形象危机、修复违规事件发生时受到破坏的企业声誉等伤害保险效应相关研究(Capbell & Slack, 2007；Williams & Barrett, 2000)的总结，提出了慈善捐赠的"三阶段式"保护机制(江炎骏, 2013)。

第一阶段，从事慈善捐赠活动可以为企业带来道德声誉资本(Brammer & Millington, 2005)。道德声誉之所以被称为资本，是因为良好的道德声誉可以稳定社会公众对企业的信念(Fombrun, 1996)。Godfrey(2005)研究认为，企业慈善行为并不直接带来声誉，企业声誉的获得是源于社会公众对其慈善行为的评价，好的评价产生正面的声誉，形成积极的道德资本，因为慈善作为超过企业职责要求的有益行为获得的是赞许而不是责备。这看似真实可靠,但事实上由于利益相关者是多元群体,可能拥有不同的价值观,所以受到一些利益相关者称许的行为未必能得到其他利益相关者的认同。也就是说,好的行为也不一定可以带来积极评价。因此,慈善行为背后的价值观与作为受益方的社会公众的价值观期望的一致性程度是企业能否获取道德资本的必要条件。慈善应该是自愿的行为,动机不应出于经济、法律或道德的义务,这就使得慈善的动机问题非常重要。如果评估者认为慈善动机是真诚的,慈善行为将会给企业带来积极的声誉资本;而如果企业慈善动机被认为是伪善的、迎合的讨好行为,则慈善捐赠无法为企业带来声誉资本。

第二阶段,当企业面临负面事件的困扰时,慈善捐赠所带来的道德资本可以帮助企业缓解来自社会公众的制裁,保护企业与利益相关者之间的关系资产,降低风险。具体而言,企业与利益相关者之间的关系天生具有脆弱性,也难以较为清晰地衡量和把握,因而对这种关系资产的保护很难通过传统意义上的契约和保险机制来实现。当遭受丑闻事件时,企业不良行径的动机是什么是影响利益相关者决定对企业实施制裁强度的关键性因素(Nagel & Swenson,1993)。因而此时要想保障企业的利益相关者关系资产,降低利益相关者的制裁强度,就需要合理引导利益相关者对企业行为动机的判定。Godfrey(2005)认为,当企业发生不好的行为时,利益相关者首先会考虑其行为背后的意图,意图有无意和故意之分,然后再考虑可能对企业采取的惩罚或制裁。积极的道德声誉资本代表了企业的美好品质,提供了与不良行为相反的证据,促使利益相关者相信企业做出不良行为并非出于故意,而仅仅是由于疏忽或草率造成的,这会缓解利益相关者对企业及其不良行为的负面评估,减轻制裁强度,也就为企业的利益相关者关系资产提供了类似于保险的保护机制(Rieschmann & Gustavso,1998)。

第三阶段,发生负面事件时,企业与利益相关者之间良好关系的建立和保持可以减少企业股东财富的流失。经济学理论认为,企业在资本市场中面临系统性风险和非系统性风险,而利益相关者关系资产受损的风险实际上是企业的一种非系统性风险,在资本市场非完全效率的情况下,这种非系统性风险的降低可以减少负面事件发生后企业股东财富的流失。

Godfrey(2005)的慈善保险机制理论模型随后被 Godfrey et al. (2009)的实证研究所验证。企业参与慈善活动不一定带来积极道德资本，利益相关者对慈善行为动机的评价成为慈善捐赠能否带来道德资本的重要影响因素，这一观点为本研究解释慈善捐赠与企业绩效实证结果的不确定性提供了新的思路。

（五）其他观点

上述理论都是从慈善捐赠对企业正面影响的角度进行解释，既有文献中也存在关于慈善捐赠与企业绩效之间负相关或不相关的理论阐述。

Friedman 等学者基于成本理论及委托—代理理论，认为在遵循市场规则的前提下提高生产效率、追求利润最大化是企业唯一的社会责任，若使用企业有限的资源来解决社会福利会导致企业成本的上升、竞争优势的削弱（Aupperle et al.，1985），因此不主张企业积极承担社会责任（Friedman，1970）。此类观点指出慈善捐赠对企业的不利影响主要源于直接成本（Barnett & Salomon，2006；Ullmann，1985）和代理成本（Wang et al.，2008）这两个方面。从直接成本的角度看，企业从事社会责任活动将直接增加行政管理成本的开支，也会占用本可以用于企业自身生产经营的现金流等资源（Brammer & Millington，2008；McWilliams & Siegel，2000；Saiia et al.，2003）。从代理成本的角度看，管理者可能会利用慈善捐赠作为提升个人声誉和社会地位的一种手段，从而导致企业的代理成本增加（Jensen & Meckling，1976；Brown et al.，2006）。

还有部分学者研究认为慈善捐赠与财务绩效之间并不存在确定的相关关系。例如，一些学者认为企业从事慈善捐赠应当是出于公民义务而不应该追逐慈善捐赠可能带来的经济收益（Galaskiewicz & Burt，1991；Marquis et al.，2007），企业可以视作更大社区的一个公民代理，有义务为社会福利的提升做出贡献（Waddock，2001）。另外，企业捐赠还可能是出于同行其他企业或社会公共组织的压力（Galaskiewicz & Burt，1991；Gautier & Pache，2015），而并非源于经济动机的驱动。

尽管两者之间的关系仍然存在理论争议，但大多数研究认为慈善捐赠对企业绩效有正向影响。不同的理论视角有助于更全面地把握两者的关系,却也使得慈善捐赠与企业绩效的这幅关系地图看上去盘根错节、错综复杂,亟待拨开迷雾,对不同解释机制的内在逻辑联系进行梳理,构建出慈善捐赠影响企业绩效的一个整合性框架,以推动慈善捐赠经济后果研究的理论发展。

二、慈善捐赠与企业绩效关系的实证讨论

实证研究也表明慈善捐赠对企业绩效可能产生不同的影响,但总体而言,得出慈善捐赠对公司价值具有正向影响结果的文献占据主流。

慈善捐赠一般被认为企业社会责任的一部分(Carroll,1979),所以捐赠与绩效关系属于更大范围企业社会责任与企业财务绩效(CSR-CFP)关系研究的一个方面。与单独考察捐赠与绩效之间关系的研究相比,企业社会责任与企业财务绩效(CSR-CFP)之间关系的文献更为丰富。Margolis & Walsh(2003)回顾了自 20 世纪 70 年代以来 127 个 CSR-CSP 关系研究结果发现,有 109 个研究是以 CSP(企业社会绩效)为自变量,有 18 个研究以 CFP 为自变量,在这 109 个研究中有 54 个研究结果表明两者关系是正向的,有 7 个研究结果表明二者存在负相关关系,有 28 个研究结果表明两者之间没有相关关系,其他 20 个研究结果模糊不清。Griffin & Mahon(1997)对 62 个研究 CSP-CFP 关系的文献进行了回顾与梳理,发现 33 个研究结果表明二者存在正向关系,20 个研究结果表明二者存在负向关系,9 个研究结果认为两者之间没有关系或结论不明确。Roman et al.(1999)对同样的这些文献进行梳理,认为更精确地刻画出 CSP-CFP 关系需要对 Griffin & Mahon(1997)的研究结果进行修正,其中的 26 个结论需要重新归类或移除,具体地,有 9 个需要从负面结论归类到正面结论,有 6 个需要从正面(3 个)或者负面(3 个)研究结论归类到结论不明确的范畴,有 11 个需要完全从研究中移除出去。Griffin & Mahon(1997)基于七大化学品公司进行的分析发现企业社会绩效的若干维度与企业财务绩效显著相关,但是并没有发现慈善捐赠与企业绩效之间的相关关系。此外,还有一些研究已经超出了简单检验企业社会绩效与企业财务绩效两者之间关系的范畴。例如,McWilliams & Siegel(2001)研究认为,企业社会责任会受到包括企业规模、多元化战略、研发投入水平及市场环境在内多种因素的影响,如果所有这些因素都被考虑

到,企业的社会绩效既不会促进也不会阻碍财务绩效。Hillman & Keim (2001)认为,企业社会绩效的不同组成部分对企业财务绩效的影响有所差异,将企业社会绩效分解成不同利益相关者管理和社会问题参与这两个方面,研究发现利益相关者管理正面影响企业财务绩效,而社会问题参与则对企业绩效产生负面影响。Hull & Rothenberg(2008)检验了行业差异和创新作为调节变量如何影响企业社会绩效和财务绩效之间的关系,发现在低差异度的行业和低创新水平的企业里,社会绩效对财务绩效的影响最大。Zhang(2013)采用 GMM 模型,以我国 2007—2011 年沪市上市公司的数据实证检验了企业社会责任与企业财务绩效之间的相互影响,发现前一年的企业社会责任表现有助于公司当年财务绩效的改善,而当年财务绩效的增加又会提升公司当年的社会责任水平。

很多研究是从企业社会责任视角出发,并非单纯研究慈善捐赠与企业绩效这对关系,部分学者认为由于企业社会责任是多维变量,测量类型和测量方式会影响实证研究的结果(Orlitzky et al.,2003),但慈善行为作为企业社会责任一个重要组成部分,必然遵循整体社会责任行为的某些规律,因此本研究认为更广范畴下的文献梳理有助于为分析慈善捐赠与企业绩效之间的关系提供整体视角。而就在更直接地研究慈善捐赠与企业绩效之间关系的文献中,同样也出现了类似的混合研究结果。Fombrun & Shanley (1990),Williams & Barret (2000),Werbel & Wortman(2000)等都提供证据表明慈善捐赠和公司声誉正相关,慈善捐赠能显著提升公司声誉水平。Menon & Kahn (2003),Barone et al. (2007),Cornwell & Coote(2005)等通过实验研究发现,企业发起善因营销显著增加了消费者对其品牌的好感,增强了消费者对其产品或服务的消费意愿,而且发起者与善因营销主题的匹配程度会显著影响这种关系。Sen & Bhattacharya(2001)通过实证研究发现,企业慈善捐赠能够改善消费者对企业的认知,降低该企业产品的需求价格弹性。这些研究结果表明企业利用慈善捐赠可以吸引和留住顾客,但只是慈善捐赠与企业绩效之间正相关关系的间接证据。Hess et al.(2002)研究发现,向非洲捐献医疗设备的医药企业与将来的市场发展呈明显正相关关系。Orlitzky et al.(2003)研究表明,慈善捐赠与企业财务绩效正相关,而且相比运用其他测量方法的企业社会绩效与财务绩效之间的关系更为强烈。Wokutch & Spencer(1987)也发现了慈善捐赠与财务绩效之间的正向关系,尽管他们提醒说这种关系可能被公司参与违法行为所调节。Patten(2008)对 2004 年南亚海啸后参与慈善捐赠的企业展开实证研究,发现慈善捐赠公告与 5 日累计异常回报率显著正相关。Chen et al.(2008)检验慈善捐赠与员工关系、环境问题和产品安全三个领域社会责任之间的关系,发现在其他社会领域表现不好的企业更愿意进行慈善捐赠,其慈善捐赠参与程度更广。也有一些实证研究结果发现,慈善捐赠与企业绩效之间不存在显著的相关关系,甚至少数实证研究还报告了两者之间的负相关关系。例如,Seifert et al.(2004)利用结构方程模型对《财富》杂志 1 000 家企业进行研究,发现这些企业的捐赠与绩效之间未显著相关。Crampton & Patten(2008)以"9·11"事件后 485 家《财富》世界 500 强公司作为研究样本,发现慈善捐赠显著与企业收益率正相关。Lev et al.(2010)利用 Granger 因果检验的方法进行实证研究,发现慈善捐赠显著与未来销售收入正相关,而销售收入与将来捐赠之间相关性不强,同时发现慈善捐赠与客户满意度高度相关。运用事件研究的方法,Muller & Kräussl(2008)考察了企业慈善捐赠与市场异常回报率之间的关系,实证检验发现慈善捐赠与异常回报率之间既没有正向联系也没有负向的联系。

更为复杂的是,还有部分学者的实证研究结果表明,慈善捐赠与企业绩效之间还可能存在非线性关系(Brammer & Millington,2008;Wang et al.,2008)。例如,Brammer & Millington(2008)考察了 1990—1999 年期间在伦敦交易所上市的 537 家公司,发现捐赠与绩效关系呈 U 型关系,捐赠水平高和捐赠水平低的公司比那些捐赠水平中等的公司绩效更好。而 Wang et al.(2008)利用 1987—1999 年期间 817 家美国上市公司的面板数据,发现在一定范围内慈善捐赠有助于公司从各利益相关者处获得关键资源,并降低公司失去资源的风险,但当慈善捐赠超出一定水平后,这种正向关系由于利益相关者支持的限制将逐渐趋平,同时随着直接成本和代理成本的增加,两者之间的正向关系将被逐渐抵消,因此慈善捐赠与企业绩效之间呈倒 U 型关系,而这种倒 U 型关系又会受到环境动态性的调节影响。

随着学术界对企业社会责任问题的持续关注,国内有关慈善捐赠与企业绩效关系的文献日益增多，与国外文献相类似，国内文献也呈现出了不一致的实证研究结果。钟宏武(2007)较早对慈善捐赠与企业绩效这两者之间的关系展开实证研究，发现企业的慈善捐赠水平对企业的财务绩效无论是短期的还是长期的，无论是会计类还是价值类绩效，都不存在显著的影响，换言之，慈善捐赠与企业财务绩效没有显著相关性。周延风等(2007)的实证检验结果显示，企业从事慈善捐赠等社会责任行为会显著影响顾客对其产品或服务的购买意愿，并且两者之间的关系会受到顾客个人特征及产品自身特征的影响，但是对于这种影响是否会反映在企业财务绩效提升上则没有进一步验证。2008年"5·12"汶川大地震后，国内对慈善捐赠的关注度更是急剧上升。山立威等(2008)对汶川地震后我国上市公司捐赠数据进行分析，发现企业慈善捐赠存在提高声誉以获取广告效用的经济动机，产品直接与消费者接触的公司比其他公司捐赠数额平均高出50%，同时还发现企业捐赠行为是由企业的经济能力决定的，即企业财务绩效会影响企业的慈善捐赠水平。张广玲等(2008)研究表明，慈善活动提升了消费者感知的企业形象，而对消费者产品质量认知的影响却不明显。在捐赠内容上，该研究发现捐时(如志愿者活动)比捐款的效果更明显。朱金凤、赵红建(2010)利用沪深上市公司作为研究样本，发现上市公司慈善捐赠存在行业差异和所有制差异，捐赠金额、捐赠收入比与财务绩效之间均不存在显著的正相关关系。田雪莹等(2010)运用结构方程模型对290家企业样本进行实证分析，研究结果表明慈善捐赠行为对获取竞争优势具有正面影响，该研究结论一定程度上证明了Porter & Kramer(2002)关于慈善捐赠竞争优势的假设。游士兵、黄柄南(2009)及谢佩洪、周祖城(2009)等从企业捐赠角度研究消费者购买意愿，发现捐赠行为会对消费者的购买意愿产生显著影响，这与Sen & Bhattacharya(2001)的研究结论基本一致。李敬强、刘凤军(2010)利用事件研究方法，发现企业公布捐赠信息3天内的累积异常收益率显著为正，同时累积异常收益率与捐赠时间负相关、与捐赠金额正相关，与Muller & Kräussl(2008)得出的研究结论明显不同。郭剑花(2013)实证检验了A股上市公司慈善捐赠对绩效的作用，发现慈善捐赠可以提升公司业绩，但国有企业捐赠对业绩的促进作用显著低于直接上市的民营企业。卢正文、刘春林(2012)研究发现，企业捐赠行为显著促进企业销售增长,且企业产品是否直接接触消费者这一特征调节企业其捐赠行为与销售增长之间关系。江炎骏(2013)运用事件分析法,对我国遭受证监会公开谴责的上市公司从事慈善捐赠是否能够起到伤害保险作用进行了实证检验,结果显示,上市公司被公开谴责时,相对于前期不参与捐赠的企业,参与捐赠企业的累计异常收益率较高,且企业捐赠金额越大,累计异常收益率越高。王朝阳、熊楚伊(2014)利用2010—2012年A股上市公司的面板数据研究捐赠对企业当期及滞后一期财务绩效的影响,发现捐赠绝对额与当期财务绩效显著负相关,捐赠收入比与当期财务绩效显著正相关,而慈善捐赠对滞后一期的企业绩效并无显著影响。朱翊敏、颜宏忠(2010)分析了消费者对捐赠公司的不同声誉以及公司不同的捐赠方式的看法和评价,研究发现声誉较好的企业参与无条件捐赠不一定能提升其形象,但参与事业关联捐赠(善因营销)则会对企业造成负面的影响。可以看出,既有国内文献的实证研究结论同国外研究相似,也都存在着较大的不确定性,这使得慈善捐赠与企业绩效关系的研究局面更加模糊。

第四节 本章小结

本章主要从企业慈善捐赠的概念、企业慈善捐赠的理念与动机以及慈善捐赠与企业绩效之间的关系这三个方面对企业慈善捐赠问题的相关代表性研究进行回顾与综述。

首先,在回顾慈善的起源、企业慈善行为的兴起,并梳理国内外学者和官方组织机构对于企业慈善行为概念阐述的基础之上,本章明晰了本研究中企业慈善捐赠的概念界定。不同的文献对企业慈善捐赠概念的界定虽各有不同,但从本质来看并不存在太大差异。总体来说,企业慈善捐赠具备了合法性、自愿性、单向性、客观公益性等特征。结合前人的研究,本书将企业慈善捐赠界定为企业自愿地、无条件地将现金或物资单向转移给与其没有直接利益关联的其他实体并用于灾难救助、医疗卫生、教育发展等慈善公益事业的行为。

其次,对企业慈善捐赠的理念与动机进行综述。本章将企业从事慈善捐赠的动机主要归为利他动机、经济动机、制度合法性动机、管理层效用动机这四大类，其中利他动机、经济动机这两种最为典型，并且与本研究密切相关。战略慈善观从某种意义上来说，正是对这两种动机的整合，创造性地实现了企业获取自身利益与履行社会责任的内在统一。

最后，对于慈善捐赠与企业绩效之间的关系，本章分为理论和实证这两个层面对国内外相关文献进行综述。理论研究方面，已有文献关于捐赠与绩效这对关系的理论解释主要遵循了利益相关者理论、资源基础理论、制度理论、伤害保险理论、委托代理成本理论等视角，分别对这些不同视角下的理论研究进行了梳理。不同的理论为慈善捐赠对企业绩效的影响机制提供不同的解释，但大多支持了慈善捐赠的战略效果，其中，利益相关者理论和资源基础理论视角下的理论研究与本研究关系最为紧密，不同的理论视角固然有助于对研究问题进行全面的把握，但只有透视不同解释机制之间的内在联系并构建慈善捐赠影响企业绩效的整合性框架，才更有利于清晰地认识和理解问题的本质。实证研究方面，慈善捐赠与企业绩效之间的实证研究结果主要存在两大类情况：一是两者之间不相关；二是两者之间存在联系，而这种联系又主要表现为正相关、负相关和非线性相关这几种情况。由此可见，实证结论呈现出很大的不确定性。总之，理论和实证的持续争议导致该领域的文献非常分散，阻碍了相关研究的进展。基于管理权变思想，探索重要情境因素的影响不失为协调理论和实证争议的一个可行方法，在慈善捐赠与企业绩效关系研究已有文献的基础之上进行创新性思考，充分考察权变因素或情境变量的调节效应具有重要意义，这也是本书尝试在理论和实证研究方面有所突破的关键所在。

第三章　理论分析与研究假设

　　慈善捐赠如何影响企业绩效是本章所关注的重点。建立在第二章文献综述的基础之上，本章从利益相关者认知视角出发，深入分析慈善捐赠对企业绩效的影响机理。第一节首先从理论上推导慈善捐赠的绩效作用机制，探讨主效应问题，这也是后两项研究的基础。第二节主要基于"慈善动机—效果"理论，从企业的低层次社会责任状况和长期价值导向表现这两个方面分析企业行为、表现的不一致性如何通过利益相关者的认知和动机识别影响慈善捐赠的战略效果。第三节进一步探讨企业可见性在上述过程中对利益相关者认知形成所产生的深层次影响。第四节是本章小结。

第一节　慈善捐赠的绩效作用机制分析

　　传统经济学观点认为，企业作为契约连接体，其目标就是追求经济效益的最大化，以实现股东的利益和要求（Friedman，1970），企业履行社会责任是对企业资源的滥用和对企业利润的消耗，而且很多企业缺乏进行有效社会事业投资的专门知识，此外，管理者还可能将捐赠作为提升个人声誉和社会地位的一种手段，导致代理成本上升（Williamson，1964；Friedman，1970；Galaskiewicz，1997；Balotti & Hanks，1999）。因此，传统经济学观点反对企业承担慈善责任，强调以效率机制追求企业经济效益及股东利益的最大化，将企业和社会视作两个对立面（Margolis & Walsh，2003）。

　　然而，随后迅速兴起的利益相关者理论指出，股东至上主义者们没有看到除股东外企业还有诸如员工、消费者、供应商、社区和政府等更多的利益相关方,企业和社会应该是正和博弈而非零和博弈的关系(王水嫩等,2011)。基于利益相关者理论,利益相关者会影响一个组织目标的实现(Freeman,1984),组织能否获得所需资源以及获取资源的成本大小一定程度上要取决于利益相关者对该组织的评价,所以一个组织的发展往往受到该组织所面对的利益相关者的推动或者限制(Hsu & Hannan,2005),而企业的利益相关者主要包括股东、供应商、客户、政府、社区等方面。

社会生活中,伴随着企业影响力逐渐增大,利益相关者群体在重视企业经济实力的同时,也开始越来越多地关注企业行为所带来的社会性后果(Rosen et al.,2003)。Margolis & Walsh(2003)指出,企业的股东、员工、顾客和供应商等都是与企业直接紧密联系的利益相关者,他们已经不断意识到企业参与慈善活动的合理性与必要性。而且企业参与慈善活动还能够减轻政府的财政负担,当政府的资源有限或是直接分配资源受到约束时,企业的慈善行为符合社会期望、具有组织合法性,自然会获得行政当局与立法机构的认同和赞赏(Su & He,2010)。虽然从表面上看,获得各利益相关者的肯定本身无法给企业创造直接的经济收益,但基于利益相关者理论及资源依赖观,企业的成功离不开各种利益相关者的投入和参与,持续发展所需的资源并非企业所能独自控制,这些资源的分配和使用很大程度上取决于企业的利益相关者(Pfeffer & Salancik,1978)。Jones(1995)以及Porter & Kramer(2002)研究认为,企业需要采取工具性或战略性的态度来满足利益相关者的需求,以便管理他们对企业总体目标的影响。

慈善捐赠可以被视为企业与其主要利益相关者之间建立、维持良好关系的一种途径或方式,良好的关系能够促使利益相关者对企业做出积极的回应,提供更多参与和支持(Berman et al.,1999)。企业的慈善行为正是通过解决利益相关者的诉求,与利益相关者建立起更加良好的关系,获取利益相关者的正面反应,从而间接地为企业带来经济收益。而且,任何一个企业的生存与发展都嵌入于利益相关者环境,这使得企业在资源控制过程中面临不确定性(Pfeffer & Salancik,1978;Pfeffer,1982),而慈善捐赠通过解决利益相关者的诉求能够获取利益相关者关系资产,进而降低企业失去关键性资源的风险,主动改善自身生存环境,实现企业的可持续发展。

从事慈善活动是企业对社会负责的现实体现。不同于明确的义务要求，慈善捐赠是自愿性质的、企业可自由裁定的社会责任，某种程度上能够反映出一个企业的"良好品质"（Carroll，1991；Godfrey，2005），在市场中树立了一种价值观典范，向社会传递出正面的价值观信号，即使利益相关者没有直接观察到这种可视信号，他们也会通过人际间网络或媒体报道等间接途径接收到相关信息（Clak & Montgomery，1998；Rindova & Fombrun，1999；Pollock & Rindova，2003），直接或间接地提升企业声誉，为企业树立良好的公众形象（Fombrun & Shanley，1990；Fombrun et al.，2000），从而激励员工、消费者、供应商、股东、政府等主要利益相关者与企业建立或保持联系，增强其合作意愿，为企业可持续发展提供资源保障，最终带来企业绩效的增长。

综合已有文献，本书将慈善捐赠战略效果的实现机制主要归结为帮助企业获取新资源以及降低失去已有资源的风险这样两条路径。一方面，慈善捐赠有利于企业新资源的获取。例如，对潜在求职者来说，进入社会形象良好的企业工作能够增强自尊，从企业慈善行为中分享自我形象、社会地位提升的收益，增加个人效用（钟宏武，2007），所以捐赠企业往往能够吸引和获取更多高质量人才，创造更大的竞争优势。同时，企业捐赠还有利于激励现有员工增强组织承诺感。Dutton et al.（1994）研究表明，当企业员工意识到自己在为一家富有责任感的企业工作时，他们将对企业产生更多的认同，高度认同感可以提升生产率和员工士气，提高员工忠诚度，促进员工的合作和亲社会行为。而且，慈善捐赠为企业树立起积极履行社会责任的良好形象，这种形象可以延伸至企业经营实践的其他方面，如高标准的产品质量和客户服务（Adams & Hardwick，1998），进而帮助企业赢得现实和潜在消费者的好感、降低需求的价格弹性，消费者甘愿支付溢价以分担企业捐赠所带来的额外费用，甚至通过增加对企业产品或服务的购买直接回报捐赠企业的慷慨行为，促进企业销售增长。Sen & Bhattacharya（2001）研究结果显示，企业的社会责任水平会显著影响消费者对企业产品的评价以及消费者的购买意愿。此外，企业慈善捐赠向行政当局发出信号，当政府感到企业的管理者是以真诚的态度对待其主要利益相关者时，会减轻对企业的规制，而且企业慈善捐赠在某种意义上替政府承担了一定的社会和政治任务，减轻了政府负担（Fan et al.，2012），这将为企业赢得政府（官员）的认可和赞赏，有利于企业谋取诸如财政补贴、市场准入、融资便利等政策优惠，也可以减少政府的不当干预。Hillman（2005）研究发现，慈善行为能够为企业带来更高水平的信任和合法性，帮助企业获得有价值的政治资源。Neiheisel（1994）研究认为，在政府经常施加影响甚至严格管控的信贷业务方面，捐赠企业往往更容易得到优惠政策的支持。

企业从事慈善捐赠所积累的良好声誉和形象不仅有利于企业通过改善利益相关者关系获取新的资源，还可以减缓企业在遭受负面事件困扰时利益相关者关系资产的流失，降低企业失去已有资源的风险。现实中，企业有时很难避免一些负面事件的发生，如产品被检测出含有某种危害消费者健康的成分；工厂倒闭导致大批工人失业；合作项目的终止可能直接减少供应商的期望收益等（Wang et al.，2008；贾明、张喆，2010）。这类意外事件会使得利益相关者蒙受损失，而慈善捐赠所带来的声誉资本能够为企业的关系资产提供一种类似保险的保护（Godfrey，2005），减轻利益相关者对企业的惩罚和制裁（Rieschmann & Gustavso，1998），从而降低企业失去关键资源的风险。

根据上述分析，总体而言，慈善捐赠通过改善或维护企业与利益相关者之间的关系，可以帮助企业获得利益相关者的合作与支持，从而有利于企业获取新资源或降低企业失去已有资源的风险，最终促进企业绩效的提升（见图 3.1）。由此，提出本研究的主效应假设 H1。

假设 H1：慈善捐赠有助于提升企业绩效，慈善捐赠水平越高，企业绩效越好。

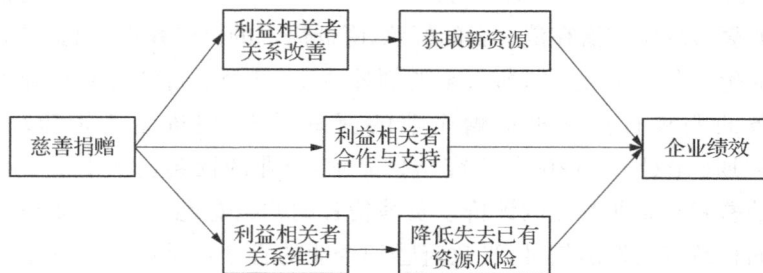

图 3.1　慈善捐赠的绩效作用机制

第二节 利益相关者认知对慈善捐赠效果的影响

尽管许多文献也都为慈善捐赠通过改善或维护企业与利益相关者之间的关系,帮助企业获取新资源或降低企业失去已有资源的风险,并最终促进企业绩效提升的这一作用机制提供了有力支撑(Fombrun et al.,2000;Barron,2001;Wang et al.,2008;Godfrey,2009;Lev et al.,2010;Wang & Qian,2011),但是在任何情况下企业参与慈善捐赠都能够达到这样的战略效果吗?社会心理学研究表明,公众对企业行为动机的认知会影响他们对该行为的评价(Szykman et al.,2004)。将归因和怀疑理论(Fein et al.,1990;Fein & Hilton,1994)运用到慈善捐赠领域,本研究认为,由于企业积极捐赠既可能是出于社会良知的纯粹利他主义行为,也可能是出于商业目的或受管理层机会主义驱动的伪善行为,面对模糊不清的捐赠意图,利益相关者容易产生怀疑并可能引起对捐赠动机的不同认知以及对企业捐赠行为的不同评价(Ellen et al.,2000)。

企业从事慈善捐赠可能会出于不同的动机,了解利益相关者主体如何认知这些动机就显得非常重要,因为利益相关者对动机的识别将直接影响到他们对企业慈善行为的评估,并影响到慈善捐赠的战略效果。Godfrey(2005)提出的"慈善动机—效果"理论认为,好的行为必须是出于好的动机才会为企业带来积极的声誉资本,只有当利益相关者解读公司进行慈善捐赠是真诚的或者纯粹的利他行为时,慈善活动才能形成正面的声誉资本,才能有利于提升企业价值。但该理论同时指出,慈善捐赠的动机并不总是被利益相关者解读为真诚的利他行为,一旦利益相关者质疑企业从事慈善捐赠行为的动机真诚性,尤其当利益相关者觉得慈善捐赠更多是为了攫取经济利益时,利益相关者则有可能将慈善捐赠解读为讨好和迎合公众的伪善行为,降低对该企业的评价,此时慈善行为则无法为该企业带来正面的声誉资本,反而可能造成负面影响,产生逆火效应(Yoon et al.,2006)。这一理论已经得到了部分学者的支持,如 Ellen et al.(2000)研究认为,消费者对公益事业营销反应的差异与零售商支持慈善事件的类型有关,当零售商捐赠产品与其核心业务一致性越高时,参与者对零售商的评价越正面;Bae & Cameron(2006)研究发现,利益相关者可能会对企业参与某些慈善活动的动机产生质疑,当他们将企业慈善判定为无条件的利他行为时,他们对企业的评价是正面的、积极的,而当怀疑企业的慈善行为是受到自利动机驱动时,他们对公司往往持负面的评价。Creyer(1997)研究指出,公益事业营销很难降低公众对公司行为不良动机的怀疑,而公众对慈善动机的怀疑主要是出于动机认知的心理。

根据上述分析,企业行为背后所隐藏的真实动机具有模糊性以及条件背景具有复杂性,公众可能对企业从事社会责任活动的真诚性产生质疑,特别是受到某些因素影响或干扰时,公众可能会进一步认为企业施善是另有所图而并非由自身的社会责任感所驱使,如此这般,企业的社会责任活动就难以奏效,甚至可能引发反作用,导致公众对企业印象更差。换言之,好的行为由于可能出于不纯的动机而不一定能够获得认可和支持,尤其在企业慈善的真实动机受到高度怀疑时,慈善捐赠行为反而可能引起利益相关者的反感,甚至使得从事慈善捐赠的企业受到比那些未做慈善努力的企业更糟糕的评价。因此,利益相关者对企业慈善动机的认知成了影响企业慈善捐赠战略效果的重要因素。那么,又是什么因素会对利益相关者认知的形成产生影响？社会心理学的怀疑和归因理论指出,当公众对目标产生怀疑时,他们会从事公共监督功能去搜寻目标的其他行为,作为降低基本归因错误的一种方法(Bae & Cameron,2006)。据此,本研究分析认为,利益相关者很可能是通过观察企业行为表现的一致性程度形成对慈善捐赠动机的认知与识别。本书接下来主要从企业的低层次社会责任状况以及企业的长期价值导向表现这两个层面来探讨利益相关者的认知过程,以揭示慈善活动在不同企业出现异质性战略效果表现的内在原因。

本书的基本研究框架,如图3.2所示。

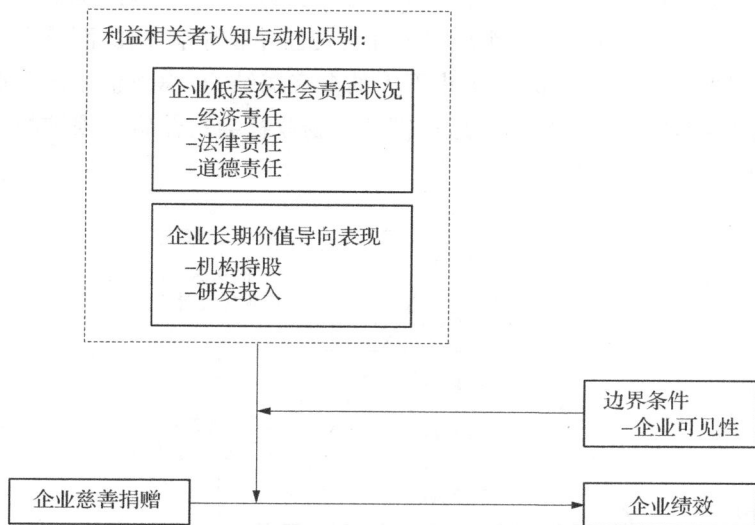

图 3.2　本书的基本研究框架

一、低层次社会责任状况的调节效应分析

利益相关者观察企业行为、表现的一致性程度从而形成对慈善捐赠动机认知与识别的一个较为直接的途径是对比企业不同层次社会责任的履行状况。慈善捐赠属于最高层次的企业社会责任(Carroll，1991)，所以那些较低层次社会责任的履行状况自然会成为公众判断企业慈善是否具有诚意的线索或参照。

慈善捐赠只是企业社会责任的一部分，企业社会责任还包括企业在经济、法律和道德方面的责任(Carroll,1979)。Carroll(1991)构建了一个关于企业社会责任的层次模型，明确地将企业社会责任区分为从低到高的四个层级：经济责任、法律责任、道德责任以及慈善责任。其中，经济责任主要是指企业作为一个经营主体必须不断提高生产率和利润水平，维护股东权益；法律责任指的是企业的生产经营活动必须在法律允许的范围内进行，且具有强制性；道德责任要求企业行为不仅要遵守法律准绳，还需与社会主流价值观相一致；位于企业社会责任最高层级的慈善责任，则强调了企业作为社会公民，应该为社会福利的改善贡献力量，譬如通过金钱、实物或者劳务的捐赠支持社会公益与公共福利事业,体现企业对社会的关怀,具有自愿性。四个层级的社会责任并非等量齐观,而是大致以4：3：2：1的比例分布,呈上小下大的金字塔结构,称为企业社会责任金字塔模型,如图 3.3 所示。这一模型是企业社会责任研究领域的重要理论基础。

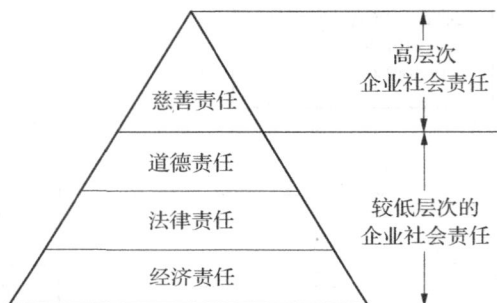

图 3.3 企业社会责任金字塔模型示意图

资料来源:Carroll(1991，1999)。

按照 Carroll(1991)所构建的企业社会责任金字塔模型,企业慈善捐赠位于金字塔顶层,属于最高层次的社会责任范畴。此外,其他三类较低层次的企业社会责任中,经济责任最为基本,法律责任其次,道德责任处于第三层级。当利益相关者质疑企业的慈善捐赠动机时,企业履行其他较低层次社会责任的状况自然会成为利益相关者搜寻的参照目标以及判断慈善动机是否真诚的重要线索。国内也有学者基于 Carroll(1991，1999)的理论模型,从层级角度对企业社会责任的内涵进行解释,如陈迅、韩亚琴(2005)将企业社会责任分为三个层次,对股东负责和善待员工属于基本社会责任,是企业必须首先做到的;保护环境、对消费者负责等是中级社会责任;而慈善捐助、热心公益事业则属于高级企业社会责任范畴。根据 Carroll(1991，1999)以及陈迅、韩亚琴(2005)等的企业社会责任模型,慈善捐赠属于最高层次的社会责任,那么在利益相关者对慈善捐赠动机的认知过程中,企业履行其他社会责任行为的表现,尤其那些基本社会责任履行情况必然会成为公众搜寻的目标和做出判断的参照。当企业履行社会责任时出现前后不一致的表现,如某个企业一方面连为股东创造价值、向政府依法纳税、尊重供应商等这些较低层次的社会责任都无法做到,另一方面却大肆投入财力物力从事慈善捐赠,如何能让公众相信其慈善动机是真诚的?

企业低层次社会责任状况影响慈善捐赠效果的解释模型如图 3－4 所示。

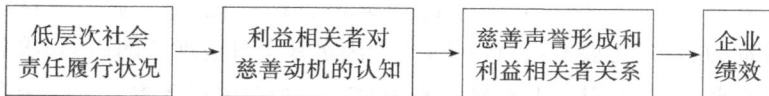

低层次社会责任履行状况	→	利益相关者对慈善动机的认知	→	慈善声誉形成和利益相关者关系	→	企业绩效

图3.4　企业低层次社会责任状况影响慈善捐赠效果的解释模型

当企业低层次社会责任的履行状况不尽如人意时,利益相关者可能会对企业产生一种"不负责任"的认知判断,当利益相关者发现该企业还进行了大量的慈善捐赠,因为进行慈善活动似乎意味着企业展现出的是"负责任"的形象,于是就会产生认知冲突,又称"认知失调",即人们同时经历两种相互矛盾的信念或者价值判断而产生的不适现象。这种认知冲突会使得利益相关者感到不适,依据认知失调理论,他们会设法降低认知冲突以减少不适。至少存在两种方法来降低失调:一是调整前一种认知,即认为企业本身是负责任的,其说服自己的理由为公司没能很好履行低层次社会责任行为是有特殊原因的(外部归因);二是调整后一种认知,即认为企业本身就是不负责任的,其说服自己的理由为企业从事慈善捐赠是希望获得其他利益的伪善行为。因此,当企业在社会责任履行方面表现出一致的行为时,利益相关者在认知上不会产生认知失调,也不大可能对企业从事慈善捐赠的动机产生质疑;反之,当企业在履行低层次社会责任和高层次慈善责任两方面表现出不一致的行为时,利益相关者就会产生认知冲突,增加第二种认知调整方式发生的可能。

换言之,如果一个企业连低层次责任都没有履行好,却盲目追求慈善捐赠这样的高层次社会责任,将引起利益相关者怀疑其慈善背后的真诚动机,在此情况下企业从事慈善行为不仅无法帮助企业树立正面形象,还可能因为其"伪善"的性质产生反作用,并最终反映在企业绩效上。为更清晰地揭示慈善捐赠动机认知对慈善捐赠效果的影响,并兼顾实证研究中数据的可得性,本书接下来分别从企业社会责任的三个较低层次,即经济责任、法律责任和道德责任这三个方面,选择了相应的三个变量进行检验，主要利用股息支付水平来考察企业经济责任的履行状况，利用依法纳税水平来考察企业法律责任的履行状况，利用支付供应商货款及时性水平来考察企业道德责任的履行状况。

具体而言，经济责任是企业必须首先做到的，因为它是企业最基本的一项社会责任(陈讯、韩亚琴，2005)。企业首要和基本的属性就是经济属性，企业存在的本质就是要盈利、实现利润最大化，即企业使用自然资源、劳动力、资本等要素进行生产，不断满足社会日益增长的商品、服务需求，并在此过程中获取利润，概括来说这就是企业的经济责任。一个企业履行其经济责任实际上体现了该企业的基本社会功能及其存在的价值。企业的生产经营活动依赖于利益相关者各方的资源投入，因此企业有义务追求利润最大化的目标，以回馈那些资源投入的权利主体。市场经济体制下，企业履行经济责任的能力要依赖于该企业持续盈利的能力。一个企业只有持续盈利才能从经济上保障与支持其他层次社会责任的顺利履行，因而可以说经济责任为其他层次社会责任奠定了基础。履行经济责任也就意味着企业要对其货币资本利益相关者(主要包括股东和债权人)负责。纪建悦、吕帅(2009)认为公司的长期投资股东，更加关注该公司的股利回报，而对公司股票价格短期波动并不太敏感。温素彬、方苑(2008)指出企业对债权人负责主要表现为及时还本付息，因此，本书用股利和利息支付率来表示企业经济责任的履行情况。可以预见，如果企业以侵害股东和债权人的利益为代价从事慈善活动，必然会引起利益相关者对其捐赠动机的怀疑，这种不一致的表现很难使公众相信其捐赠行为是真诚的，进而将削弱慈善捐赠对企业绩效的正面影响。由此，本书提出假设 H2a。

假设 H2a：慈善捐赠对企业绩效的正面影响受到股利和利息支付行为的调节，低水平的股利和利息支付率会削弱慈善捐赠对企业绩效的正向影响。

法律责任位于企业社会责任的第二层级。法律是判别企业行为正确与否的准绳，企业的生产经营行为必须在法律允许的范围内进行。企业是内嵌于社会网络体系中的重要单元，其生产经营活动的顺利进行离不开社会为之提供的环境和平台。因此，作为社会公民，企业存在的价值不单体现在其所创造的经济利润上，还体现在企业行动与整体社会效益之间的契合上。但由于企业具有逐利的本质属性,需要法律以强制的方式对企业社会责任的履行进行规范和约束。其中,依法纳税可谓是企业对政府负责、积极履行法律责任的重要体现(沙勇,2013)。政府通过相关法律、法规保障企业设立的合法性,与此同时政府要求企业诚信经营、依法纳税。税收是国家宏观调控的必要工具,是政府提供公共产品与服务,为市场经济运作创造良好外部条件的财力保障,企业积极纳税有利于国家经济体系的成功运作和国家职能的正常实现。企业对政府的税收贡献可以用资产纳税率来表示,如果某个企业一边消极纳税,甚至偷税漏税,一边追逐慈善的光环,则难以让利益相关者从认知上对其捐赠行为进行正面归因;相反,高资产纳税率更可能使公众做出企业慈善捐赠是出于真诚动机的判断,因此相比于高资产纳税率的企业,低资产纳税率的企业中慈善捐赠对绩效的积极影响将减弱。由此,本书提出假设 H2b。

假设 H2b:慈善捐赠对企业绩效的正面影响受到该企业纳税行为的调节,低资产纳税率会削弱慈善捐赠对企业绩效的正向影响。

道德责任位于企业社会责任的第三层级。法律责任一般是正式编撰成典的社会对企业的强制要求,而道德责任则体现为社会对企业所提出的非正式、不成文的期望。企业的生产经营行为固然要遵守法律准则,但也应符合社会规范,将道德价值观融入企业目标和经营策略中。道德责任从道德规范方面衡量企业为各利益相关者所做出的贡献。遵守社会道德规范,公平、公正地对待供应商等合作伙伴是企业履行道德责任的一个重要标志(Carroll,1991)。供应商作为企业的关键利益相关者之一,与企业运营有密切联系,是企业维持正常生产活动所需生产资料的供给者,也是整条供应链的起点。企业对供应商负责主要体现在履行商业供货合同、按时支付货款等方面,本书用应付账款周转率表示企业对其供应商所负道德责任的履行情况,应付账款周转率越高,表明支付供应商货款的时间越短、占用供应商资金的程度越低,对供应商的利益照顾也就越多。相比于应付账款周转率低的企业,应付账款周转率高的企业从事慈善捐赠更容易得到利益相关者的正面解读。如果企业一边隐性侵害着供应商的权益,一边却热衷于慈善事业,这种高度不一致的表现很可能导致利益相关者将企业捐赠视作"别有用心"的伪善行为。由此,本书提出假设 H2c。

假设 H2c:企业对待供应商的行为会调节慈善捐赠与企业绩效之间

的正向关系,低水平的应付账款周转率会削弱慈善捐赠对企业绩效的正向影响。

二、长期价值导向表现的调节效应分析

前文中本书在企业社会责任层级模型的分析框架下,阐述了企业低层次社会责任的履行状况对利益相关者慈善捐赠动机认知过程的影响,利益相关者通过对比企业低层次社会责任履行状况和高层次社会责任履行状况的一致性程度来判断企业的慈善动机,这一路径较为直观。接下来,本研究将推及更大的范围,从公司层面来看,利益相关者还可能通过观察企业是否具有长期价值导向来认知和识别慈善捐赠的动机。长期导向与短期导向相对应,指的是企业优先选择延后产生长远影响的决策及行为的倾向(Lumpkin & Brigham,2011)。本书提出,企业在公司层面的长期价值导向表现如何也会成为公众判断企业慈善动机是否真诚的重要线索和参照。

与之前低层次社会责任调节效应的逻辑相类似,本书认为,在公司层面,当企业的长期价值导向表现较差时,会使得利益相关者对企业产生"短期倾向"的认知判断,但是当利益相关者又发现该企业还进行了大量的慈善捐赠,而积极从事慈善活动似乎意味着企业是着眼于长远和可持续发展的,这就容易因为同时经历两种相互矛盾的信念或者价值判断而产生不适,导致认知冲突。由此产生的认知冲突会使得利益相关者感到认知失调,他们往往会设法降低认知冲突以减少不适。利益相关者一般有两种方法来降低这种认知上的失调:一是说服自己企业本身是着眼于长远和可持续发展的,在公司层面的长期价值导向表现较差是由某些特殊原因所造成的,亦即通过外部归因以调整第一种认知;二是调整第二种认知,即认为企业本质上就是目光短浅、投机盈利导向的,其说服自己的理由是企业从事慈善捐赠只不过为了能够获取短期利益,是带有投机性质的、故意迎合公众的伪善行为。因此,如果企业在公司层面没有良好的长期价值导向表现,却一味地追求慈善捐赠的光环,很容易令其利益相关者产生认知冲突,增加第二种认知调整方式发生的可能性;相反,如果企业进行慈善捐赠的同时,能够在公司层面较好地展现出长期的价值导向,保持一致性,那么企业的利益相关者在认知上就不容易产生失调,从而降

低了利益相关者对企业慈善捐赠的动机产生质疑的可能性。

换言之，一般情况下，在公司层面展现出长期导向、注重长远发展的企业从事捐赠，认知一致性有助于利益相关者对企业的捐赠行为做正面归因；相反，那些在公司层面显现短期利益导向的企业却偏偏热衷于捐赠，则容易使利益相关者产生认知冲突，将慈善捐赠解读成短视的投机行为而非出于真诚的动机，从而损害慈善捐赠的战略效果。公司层面的长期导向折射出企业对未来的关注，涵盖了企业认为"长期收益比短期收益更重要"的价值倾向（Lumpkin & Brigham，2010）。现有研究除了采用问卷量表直接测度企业是否持长期价值导向外，也有学者是利用二手数据构建客观指标来对企业的长期价值导向进行间接测量，并且这类利用二手数据测量的文献主要集中在公司层面的机构持股和研发投入这两个角度（Poterba & Summers，1995；Johnson et al.，2011；Kandemir & Acur，2012；宋丽红，2012；廖中举，2015）。不少研究都表明，较好的机构持股与研发表现在一定程度上能够反映出企业的长期价值导向（Miller & Le Breton-Miller，2005；Padgett & Galan，2010；Block，2009；李维安、李滨，2008；毛磊等，2012；宋丽红，2012；何轩等，2014），这两方面的因素自然会成为利益相关者判断企业慈善动机真诚性的有用线索。鉴于此，为了更加清晰地揭示本路径中利益相关者的动机认知对慈善捐赠效果的影响，并确保逻辑分析能够得到较强的文献支撑，本研究选择从机构持股和研发投入这两个方面对企业长期价值导向表现的调节效应展开具体探讨。本书推断，慈善捐赠的效果如何还极有可能会受到企业机构持股与研发投入水平的调节影响，那些在机构持股与研发投入方面表现出短期利益导向的企业热衷慈善捐赠很可能会被利益相关者视为具有短期投机性质的逐利行为而损害捐赠的战略效果。

企业长期价值导向表现影响慈善捐赠效果的解释模型如图 3.5 所示。

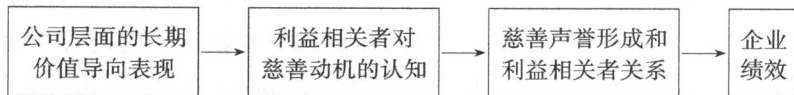

| 公司层面的长期价值导向表现 | → | 利益相关者对慈善动机的认知 | → | 慈善声誉形成和利益相关者关系 | → | 企业绩效 |

图3.5 企业长期价值导向表现影响慈善捐赠效果的解释模型

　　具体而言,一方面,机构投资者持股作为重要的外部治理机制,通常能够向利益相关者传达企业具有长期导向的信号。机构投资者是介于社会公众股东与企业控制性大股东之间的第三方力量,相比于社会公众股东,机构投资者拥有较为雄厚的资金实力(叶松勤、徐经长,2013),而且机构投资者一般情况下属于成熟老练的投资者(唐松莲、袁春生,2010),在信息收集渠道、信息分析能力、专业知识和投资情绪等方面较个人投资者都更强,往往能够识别出拥有发展潜力的企业。凭借自身在资金、信息、技术等方面的优势,机构投资者既可以克服小股东治理激励不足的问题,又可以制衡大股东的内部控制,机构投资者积极参与公司治理,监督和约束管理层,从而将引导企业长期价值导向的形成(Utama & Cready,1997;Cornett et al.,2007)。此外,集中了众多自然人资本的机构投资者,在企业中投入的股份大、股权集中度高(李维安、李滨,2008),容易被"锁定"于被投资企业中无法轻易退出,高度集中的股权使得机构投资者很难在不影响股票价格的情况下偷偷完成不引人注意的抛售(Proud,1988),"用脚投票"的潜在流动性损失以及发掘新投资选择的难度都促使机构投资者倾向于长期持股,并关注企业的长远发展(Mahoney & Roberts,2007)。总之,高机构持股比例能够在一定程度上反映企业的长期导向,有利于利益相关者形成认知一致性并对企业的捐赠行为进行正面归因,从而增强了捐赠对绩效的正向影响;相反,较低的机构投资比例容易使得利益相关者对企业长期导向的预期大打折扣,进而造成认知冲突,产生对企业慈善捐赠动机真诚性的质疑,最终削弱慈善捐赠的战略效果。由此,本书提出假设 H3a。

　　假设 H3a:慈善捐赠对企业绩效的正面影响受到该企业机构持股表现的调节。高机构持股比例会增强慈善捐赠对企业绩效的正向影响;相反,较低的机构持股比例将大大削弱慈善捐赠的战略效果。

　　另一方面,研发投入是企业完善生产流程、改进产品质量的支撑,为企业培育创新能力奠定基础(Padgett & Galan,2010),创新技术和流程提高能耗效率、降低环境污染,是企业长期导向、注重长远效益的重要体现(Block & Thams,2008)。一般而言,研发与创新活动前期需要投入大量资金且周期较长,而其产出却存在滞后性和不确定性(Miller & Le Breton-Miller,2005)。经验表明,研发创新的成效大都要经历较长时间才会显现,不能立竿见影,企业收到较多即期回报的可能性小。此外,企业研发活动遭遇失败的风险一般较大,Boulding & Morgan(1997)认为35％～45％的新产品研发都会以失败告终,一旦研发失败,企业不得不承担全部损失。即使研发成功,研发成果能否被市场所认可依然有很大不确定性,同时研发成果还存在被竞争对手模仿甚至盗取的危险,导致企业无法独享研发收益(文芳,2009)。可以预见,短期化倾向的企业推动研发投入的意愿势必较为薄弱。如果研发投入很低的企业却大肆捐赠,不一致的表现容易使利益相关者将其捐赠行为归因为短视的投机考虑而非出于真诚的动机。反之,高研发投入一定程度上反映出企业的长期价值导向,有助于利益相关者对捐赠做正面解读,从而增强了捐赠对绩效的正向影响。由此,本书提出假设 H3b。

假设 H3b: 慈善捐赠对企业绩效的正面影响受到该企业研发投入水平的调节。高研发投入会增强慈善捐赠对企业绩效的正向影响;相反,较低的研发投入将大大削弱慈善捐赠的战略效果。

第三节　影响利益相关者认知的边界条件:企业可见性

尽管理论分析表明,企业的低层次社会责任状况以及长期价值导向表现会对慈善捐赠的战略效果产生调节作用,但不容忽视的是,这两种调节机制的发生还存在一个重要的边界条件——企业可见性(firm visibility)。企业可见性制约着利益相关者的认知过程,利益相关者必须知晓一个企业的存在,对该企业的社会责任履行状况以及长期价值导向表现有所感知,才能实现对企业慈善捐赠的动机进行判断。

可见性是指企业引起消费者、员工、供应商、投资者、政府等各利益相关者关注的程度。作为企业的一种独特属性,可见性反映了企业在市场中的地位、媒体曝光度以及对利益相关者的吸引力(Julian et al.,2008;Clemens & Douglas,2005)。随着有关企业经营活动的信息经常被曝光,企业在利益相关者心目中就有了可见性,可见性是通过公众的知晓程度体现出来的(卫武等,2013)。当一个企业的可见性不断增加时,该企业更容易被利益相关者从众多企业中挑出并受到更大的关注。企业的可见性越高，导致企业及其行为更可能被利益相关者感知到。

在如今高速发展的经济社会中，面对众多的现存企业以及不断涌现出的新创企业，精力有限的利益相关者不可能注意到所有企业的存在，只有那些可见性高的企业才更可能进入利益相关者的视线并引起利益相关者对企业以及企业行为的感知。企业的可见性从本质上可以归结为利益相关者获取企业相关信息的难易程度。信息是相关联系且被赋予一定意义的事实。信息既不是物质也不是能量，其实质是人们在观察、研究和实践的过程中所获取的数据或消息。尽管如此，信息也不能脱离物质而单独存在，不同的载体有时可以承载同一种信息。人们在与外部世界互动的过程中，需要不断地与外界交换信息才能更好地适应环境。信息实际就是人们对外部世界内容的反馈（Wiener，1948），是物质载体和语义的有机统一（Popper，1967）。在认识某一事物的过程中，人们可以通过信息来消除或减少不确定性，信息含量越多，人们消除或减少不确定性的程度就越大（陈君兰，2013）。

然而，信息固有不完全性和不对称性（Akerlof，1970），信息不对称（information asymetry）现象在资本市场、产品市场和劳动市场中都广泛存在，部分市场主体处于信息优势地位，有能力获取更多的信息，而有的市场主体则处于信息劣势地位，拥有的信息相对匮乏，亦即信息分布在不同的市场参与者间是不均衡的（雷东辉，2007）。Hayek（1948）及其追随者对市场信息不对称的原因进行分析，认为主要在于以下三个方面：① 人们的知识和能力都是有限的，再加上社会分工，就造成了不同市场参与者掌握信息的能力不对称；② 搜寻信息需要花费成本，一旦市场参与者觉得预期收益低于信息搜寻成本时就不会发生信息搜寻行为；③ 信息优势方蓄意垄断信息。根据信息经济学理论（Akerlof，1970；Spence，1974），信息劣势方的努力搜寻以及信息优势方的信息传递均可以达到降低不同市场主体之间信息不对称的程度。具体到企业与利益相关者之间信息不对称问题的改善，一方面，利益相关者可以主动搜寻企业的相关信息；另一方面，企业可以通过一些信息传播渠道主动地向其利益相关者提供特定的信息（朱启红，2009）。例如，上市公司通过信息披露可以有效减轻资本市场上的信息不对称程度，为投资者等外部利益相关者了解上市公司的经营状况和发展状况、公司决策信息和突发事件等提供一个开放的窗口，有助于现有的及潜在的投资者做出理智投资决策（洪金明，2011）。

更为常见的是，企业往往通过广告营销活动搭建起企业自身与其利益相关者，尤其是消费者群体之间信息沟通和信息传递的桥梁，部分地解决双方信息不对称的问题（Wang & Qian，2011）。广告既是传播，又是营销，广告凭借企业产品信息的有效传播为营销服务，其终极目标指向于企业产品销售的实现（张金海、姚曦，2003）。广告作为企业进行营销沟通的重要工具和手段，为现实或潜在的消费者提供企业产品的相关信息，有利于降低市场中信息的非对称分布，特别是在消费涉入度低的情况下，消费者不会主动去收集信息，此时广告恰恰是有效的。广告是一种来自外界的刺激因素，影响着消费者的决策过程，当消费者在考虑选择购买何种商品时，广告对其产生明确或潜意识的刺激。如果消费者需要更多的信息进行合理决策，他们对广告的需求也会更加敏感。经济学和营销学对于广告的作用给出过两种主要的观点：一种观点强调广告的信息性功能，即广告宣布某种商品的存在，描述商品的质量、特点和性能，告知消费者购买的详细地址，从而大大降低了消费者的搜寻成本；另一种观点强调广告的劝说功能，除了纯粹的产品介绍之外，许多广告从价值观层面劝诱消费者（Meenaghan，1995），迎合人们自尊和自我表达的需要（Hong & Zinkhan，1995）。例如，百事可乐的广告传达出年轻的生活方式和娱乐精神以博得青少年的支持。又如，保时捷轿车的广告中处处彰显财富与权力的品牌概念以引发人们在价值观层面的向往和追求。Marshall（1919）认为，由于广告提供给消费者关于企业产品的相关信息，使得消费者可以了解什么是自己真正想要的，而不需要花费额外的时间与精力去努力搜寻需求商品，因而信息性广告对于消费者而言是相当实用的。但无论是信息性广告还是说服性广告，无论是通过电视、广播、报纸、网络抑或其他媒介，实际都首先在客观上将企业的存在性和企业信息传递给了公众，增强了包括消费者在内的所有利益相关者对企业的注意。现代社会是媒介社会，大众媒介渗透到人们社会生活的每一层面和角落，传播迅速和到达面广成为现代广告传媒的一个重要特质。

大量的广告营销活动能够有效提高企业的可见性，为企业吸引更多来自外部的利益相关者，特别是来自消费者和潜在雇员的关注（Wang & Qian，2011）。Brammer & Millington（2008）指出，广告媒体一直扮演着企业与利益相关者之间信息传递者的角色。企业的广告营销活动拥有较大范围的受众，有助于提高利益相关者，特别是潜在消费者对企业品牌的识别度，是企业占领市场的有力武器（Aaker & Myers，1982）。现代心理学研究认为，人们是凭借片段的信息来辨认物体和认识事物的（Keller，1993），在一般情况下，利益相关者会接收来自四面八方的信息，再经过转化、整合、连结，形成对某个企业的相关知识存储。广告营销活动是一个不断重复的动态过程，可以利用多种不同的表现形式以及不同的媒体组合，实现复杂、综合性信息传播的结果（阮丽华，2005）。在大多数情况下，广告强度越大，企业名称、产品等信息的媒体曝光越频繁，企业在利益相关者视线中出现的次数越多，越有利于企业在利益相关者心目中的印象积累，相应地，企业的可见性也就越高。Adams & Hardwick（1998）研究表明，密集的广告宣传有助于提高企业的可见性，使各利益相关者更可能了解到企业及其行为的相关信息。

企业可见性是利益相关者对企业慈善捐赠行为做出反应的前提条件（Wang & Qian，2011）。一些近期研究表明，企业的可见性（或知名度）通常与利益相关者的正面反应相联系，这些正面反应包括来自投资者和媒体的赞许（Pollock et al.，2008），消费者支付溢价的意愿（Rindova et al.，2005），以及对潜在联盟伙伴的吸引力上升（Pollock & Gulati，2007），等等。由于对利益相关者而言，经常可见的企业会更多地吸引他们的注意，所以可见性还很可能加剧企业冒额外风险的倾向以满足利益相关者不断提高的期望。例如，Mishina et al.（2010）发现企业可见性正向调节超预期绩效与企业从事违法违规活动之间的关系。

具体到企业慈善捐赠领域，利益相关者首先需要知晓一个企业的存在、了解该企业的相关行为信息，才可能进一步对企业的慈善捐赠做出有意义的认知反应（McWilliams & Siegel，2001），从而对其慈善动机形成主观判断。换言之，利益相关者对慈善捐赠的认知形成与动机判断很大程度上依赖于企业在利益相关者心目中是否可见或显著。当企业的可见性较低，利益相关者很难对企业的慈善捐赠行为、企业低层次社会责任的履行状况以及企业的机构投资与研发表现等有所感知，相应地，利益相关者也就不会在思维中形成对企业行为表现一致性的比较。反之,企业的可见性越高,利益相关者认知对慈善捐赠和企业绩效之间关系的影响效应也会越强。

基于以上分析,本书进一步提出下列假设:

假设 H4a: 企业可见性高而非低时,股息支付水平对慈善捐赠与企业绩效之间关系的调节效应更强。

假设 H4b: 企业可见性高而非低时,依法纳税水平对慈善捐赠与企业绩效之间关系的调节效应更强。

假设 H4c: 企业可见性高而非低时,支付供应商货款及时性水平对慈善捐赠与企业绩效之间关系的调节效应更强。

假设 H4d: 企业可见性高而非低时,机构持股表现对慈善捐赠与企业绩效之间关系的调节效应更强。

假设 H4e: 企业可见性高而非低时,研发投入水平对慈善捐赠与企业绩效之间关系的调节效应更强。

第四节　本章小结

本章对研究的主要内容和假设进行了详细阐述。基于利益相关者认知视角,本章深入分析了慈善捐赠对企业绩效影响的内在机理,研究内容可以归结为三大方面:一是研究慈善捐赠影响企业绩效的主效应机制;二是研究利益相关者认知对慈善捐赠战略效果的调节性影响;三是进一步探索企业可见性对利益相关者认知形成的深层影响。本书研究内容的假设模型如图 3.6 所示。

本章主要观点总结如下:

本书指出,慈善捐赠对企业绩效影响的研究结论一直以来都存在争议,甚至出现截然相反结论的一个可能原因是忽视了某些重要情境因素的影响。首先,从慈善捐赠影响企业绩效的主效应出发,本书认为任何一个企业的生存与发展都是嵌入于利益相关者环境中,企业的成功离不开股东、员工、供应商、客户、政府、社区等各利益相关者的投入和参与。近年来企业对社会生活的影响越来越大,企业的利益相关者各方在重视企业经济实力的同时，开始越来越多地关注企业行为所带来的社会性后果。在这种背景下，慈善捐赠成为企业与其主要利益相关者之间建立、维持良好关系的重要途径。从事慈善是企业对社会负责的现实体现，不同于明确的义务要求，慈善捐赠是自愿性质的、企业可自由裁定的社会责任，某种程度上能够反映出一个企业的"良好品质"，在市场中树立了一种价值观典范，向社会传递出正面的价值观信号，提升企业声誉，为企业树立良好的公众形象。企业通过慈善捐赠所积累的良好声誉和形象不仅有利于企业通过改善利益相关者关系获取新的资源，还可以减缓企业在遭受负面事件困扰时利益相关者关系资产的流失，降低企业失去已有资源的风险，并最终促进企业绩效的提升。

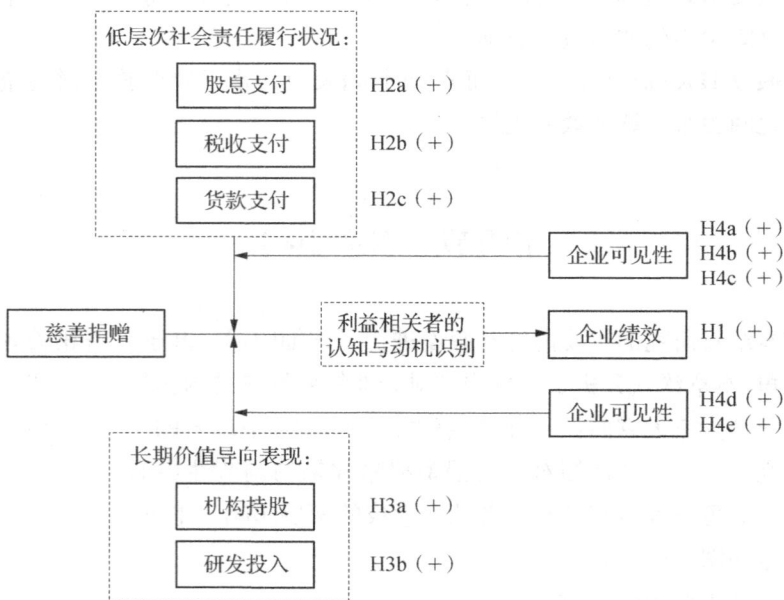

图 3.6　本书研究内容的假设模型

　　然而，上述慈善捐赠影响企业绩效作用机制的实现并不像看上去的那么简单，本研究认为并非在任何情况下企业参与慈善捐赠都能够达到预期的战略效果，企业慈善捐赠的效果会受到利益相关者主体认知的影响。由于企业从事慈善捐赠可能会出于不同的动机，了解利益相关者主体如何认知企业慈善行为背后的动机就显得尤为重要。根据"慈善动机—效果"理论,本书认为,当好的企业行为同时被认为是出于真诚的动机时更可能获得利益相关者的正面评价;相反,以逐利为目的的捐赠行为本身就已经违背了其"慈悲博爱"的实质内涵,在这种情况下可能引发利益相关者对企业捐赠的负面认知和反感情绪。当企业捐赠被认为是动机不纯的、故意迎合利益相关者的伪善或作秀行为时,则无法为企业带来正面的声誉资本,甚至可能会损害企业的社会形象,产生逆火效应,从而不利于慈善捐赠提升企业绩效的战略价值的实现。那么,利益相关者的认知形成又是受到哪些因素的影响?本书提出,利益相关者很可能是通过观察企业行为表现的一致性程度形成对慈善捐赠动机的认知与识别。本书主要从企业的低层次社会责任状况以及企业的长期价值导向表现这两个层面来探讨利益相关者的认知过程,以揭示慈善活动在不同企业出现异质性战略效果的内在原因。

第一,利益相关者观察企业行为表现的一致性程度从而形成对慈善捐赠动机的认知与识别的一个较为直接的途径是对比企业不同层次社会责任的履行状况。由于在企业社会责任金字塔模型中,慈善捐赠位于企业社会责任的顶层,那些较低层次社会责任(经济责任、法律责任和道德责任)的履行状况自然会成为公众判断企业慈善动机是否真诚的线索和参照。当企业在慈善责任和低层次社会责任方面出现不一致行为时,无疑会导致利益相关者产生认知冲突,而认知冲突会引发利益相关者对企业慈善动机真诚性的质疑,进而削弱慈善捐赠对企业绩效的积极影响。本书分别利用股息支付水平、依法纳税水平和支付供应商货款及时性水平来考察企业履行经济责任、法律责任和道德责任的状况,具体分析企业低层次社会责任状况对慈善捐赠效果的调节效应,并提出相应的假设,即股息支付率、依法纳税率、应付账款周转率越低时,慈善捐赠对企业绩效的正向影响越弱。

第二,推及更大的范围,利益相关者还可能通过观察企业在公司层面的长期价值导向表现来认知和识别慈善捐赠的动机。那些在公司层面显现短期利益导向的企业却偏偏热衷于捐赠,不一致的行为表现容易使利益相关者产生认知冲突,而认知冲突会引发利益相关者对企业慈善动机真诚性的质疑,将慈善捐赠解读成短视的投机行为而非出于真诚的动机,进而削弱慈善捐赠对企业绩效的积极影响。基于已有相关文献，高机构持股与研发投入都能够在很大程度上反映出企业的长期价值导向，为利益相关者判断企业慈善动机的真诚性提供有用线索。因此，本书主要就是从机构持股和研发投入这两个方面着手，具体分析企业长期价值导向表现对其慈善捐赠效果的调节效应，并提出假设认为，较低的机构持股比例和与研发投入水平将削弱慈善捐赠对企业绩效的正向影响。

第三，进一步地，本书认为上述两种调节效应的发挥还存在一个重要的边界条件，即企业可见性。利益相关者对慈善捐赠的认知形成与动机判断很大程度上依赖于企业在利益相关者心目中是否可见，利益相关者需要知晓一个企业的存在、了解该企业的相关行为信息，才可能对企业的慈善捐赠做出有意义的认知反应，并对其慈善动机形成主观判断。当企业的可见性较低时，利益相关者很难对企业的慈善捐赠行为、企业低层次社会责任的状况以及企业的机构投资与研发投入等行为表现有所感知，因而削弱了利益相关者在思维中对企业行为表现一致性的比较；反之，则相反。因此，本书提出假设认为企业可见性高而非低时，上述调节效应的影响将会更强。表 3.1 列示了本章所有研究假设的内容。

表 3.1　本研究提出的假设观点

假设序号	假设内容
H1	慈善捐赠有助于提升企业绩效，慈善捐赠水平越高，企业绩效越好
H2a	慈善捐赠对企业绩效的正面影响受到该企业股息支付水平（经济责任）的调节。当股息支付率越低时，慈善捐赠对企业绩效的正向影响越弱
H2b	慈善捐赠对企业绩效的正面影响受到该企业依法纳税水平（法律责任）的调节。当依法纳税率越低时，慈善捐赠对企业绩效的正向影响越弱
H2c	慈善捐赠对企业绩效的正面影响受到该企业支付供应商货款及时性水平（道德责任）的调节。当应付账款周转率越低时，慈善捐赠对企业绩效的正向影响越弱
H3a	慈善捐赠对企业绩效的正面影响受到该企业机构持股表现的调节。高机构持股比例会增强慈善捐赠对企业绩效的正向影响；相反，较低的机构持股比例将大大削弱慈善捐赠的战略效果

续　表

假设序号	假设内容
H3b	慈善捐赠对企业绩效的正面影响受到该企业研发投入水平的调节。高研发投入会增强慈善捐赠对企业绩效的正向影响；相反，较低的研发投入将大大削弱慈善捐赠的战略效果
H4a	企业可见性高而非低时，股息支付水平对慈善捐赠与企业绩效之间关系的影响效应更强
H4b	企业可见性高而非低时，依法纳税水平对慈善捐赠与企业绩效之间关系的影响效应更强
H4c	企业可见性高而非低时，支付供应商货款及时性水平对慈善捐赠与企业绩效之间关系的影响效应更强
H4d	企业可见性高而非低时，机构持股表现对慈善捐赠与企业绩效之间关系的影响效应更强
H4e	企业可见性高而非低时，研发投入水平对慈善捐赠与企业绩效之间关系的影响效应更强

第四章 数据收集与研究设计

本章主要论述本研究的数据收集、样本选取以及研究方法。第一节介绍研究样本的收集、整理过程，样本数据主要来源于上市公司年报和WIND数据库，主要包括慈善捐赠数据、公司特征数据、治理数据和财务数据等方面的内容。第二节对慈善捐赠、企业绩效等研究变量进行测量，并依据研究问题建立回归分析的计量模型。第三节主要说明本研究所运用的估计方法。第四节是本章小结。

第一节 数据收集与样本选取

一、数据来源

本书以我国上市公司为研究对象，首先是考虑到实证数据的可得性，由于上市公司需要公开发行股票，负有信息公开和信息披露的法定义务，根据我国证券监督管理委员会（CSRC）的相关规定，每一年度上市公司必须定期地披露其经营业绩、财务状况、公司治理结构与其他重大经营事项等，所以将我国上市公司作为本书的研究对象有利于获得较为完整的企业财务数据、治理数据和特征数据以服务于实证研究的统计分析。其次，一般而言，在我国制度环境下，上市公司的治理机制通常更加规范，上市公司每年所披露的信息都受到来自审计部门、监管机构和社会媒体的严格监督，准确性和可靠度相对更高（杨跃，2011）；相反，从非上市公司获取的数据和信息其真实性通常难以得到保障。再次，目前大多数关于企业慈善捐赠的研究也都选择用上市公司进行大样本研究（Du et al.，2014；Wang et al.，2008；Wang & Qian，2011；杜兴强、冯文滔，2012；

贾明、张喆，2010；卢正文、刘春林，2011），所以采用我国上市公司作为研究对象这种做法本身不存在研究方法方面的不确定性，而且这样便于同以往研究进行对比以及在已有研究的基础上进行深度挖掘。最后，也更为重要的是，以上市公司为对象的研究结论同样对于非上市公司有一定的借鉴意义（山立威等，2008）。

本研究的样本数据主要包括捐赠数据、企业财务数据、企业特征数据、行业和区域数据等，基本来源于万德经济金融数据库（WIND）以及上市公司年度报告。其中，企业的慈善捐赠数据摘录自上市公司年报，年报主要是从证监会指定信息网站——巨潮资讯网（http://www.cninfo.com.cn）上查找并下载得到。我国上市公司的财务报表是遵循既定格式、规范和时间要求公开发布的，这为本研究收集全面的、具有可比性的企业捐赠数据奠定了基础，而且从上市公司年报中搜录捐赠数据在一定程度上可以避免企业社会责任研究中普遍面临的社会称许性偏差（social-desirability bias）问题（韩振华、任剑峰，2002），尤其是一些企业可能有强烈的慈善宣传愿望，但现实中却只付诸微小的慈善努力，研究者从这些企业获取的调查结果在多大程度上是被调查者意念的主观产物（潘奇，2011），对此研究者往往难以分辨，从而可能损害研究的有效性。除慈善捐赠数据是从上市公司年报中搜录外，本研究所用到的其他数据，如企业财务数据、企业特征数据、治理数据等主要来源于万德经济金融数据库（WIND）。WIND数据库作为我国最领先的金融数据服务商之一，建成了以金融证券数据为核心的一流大型金融工程和财经数据仓库并拥有很多独具特色的深度加工数据，为其他数据库所不具备。WIND数据库的全面性和准确性也已经得到众多证券行业高端专业人士的公认，在学术研究中的应用也相当广泛（刘振，2014；吴先聪，2012；张媛春、邹东海，2011）。WIND数据库为本书的实证研究提供了良好的支撑。

二、样本选择

结合肖红军、阳镇（2019）和肖红军等（2020）对中国企业与社会关系演变进程以及企业公益慈善整体发展历程的时期划分，本研究聚焦于企业将开展社会责任议题实践（如慈善捐赠活动）作为企业嵌入社会基本方式的典型阶段（2007—2012年），期间我国企业慈善捐赠实践的功能定位突出体现为工具竞争观、社会回应观和风险防范观，契合本书研究内容和研究需要，且基于该阶段展开企业慈善捐赠实证研究有利于提供全景视角，亦便于与相关研究主题富有代表性的研究结论进行对比分析，更好地考察本研究视角的贡献。鉴于此，本书以 2007—2012 年期间我国在深圳和上海证券交易所 A 股市场的全部上市公司为初选样本，对研究所要用到的相关数据进行收集。此外，我国的证券市场从 20 世纪 90 年代建立后迅速发展，为我国经济增长做出了巨大贡献，成为我国金融体系里不可或缺的重要组成部分（杨跃，2011），但随着股权分置这一我国独有的历史遗留问题所带来的负面影响日益凸显，为了促进资本市场的健康发展，2005 年 4 月 29 日中国证券监督管理委员会发布《关于上市公司股权分置改革试点有关问题的通知》，宣布启动股权分置改革，到 2006 年年底我国股权分置改革基本完成后，市场化运作程度的提高进一步引发了对高质量会计信息的需求。2006 年 2 月 15 日财政部颁布了新会计准则并于2007 年 1 月 1 日起在我国上市公司内部全面实施，新会计准则与国际接轨后更加适应我国市场经济发展要求（徐维爽，2008）。由于新会计准则实施前后上市公司年报中部分财务指标的统计方式发生了一定的变化，对本研究可能会造成一定的干扰，而且新会计准则的实施客观上大大提升了我国上市公司信息披露的质量，因此本研究所选择的数据观察期起始于 2007 年亦有利于提升研究数据的准确性。整个数据收集和整理过程持续了近 2 个月，形成了包括管理学博士生 3 名、硕士生 2 名的 5 人数据挖掘团队。

本研究首先通过巨潮资讯网（http://www.cninfo.com.cn）搜寻并下载 2007—2012 年所有上市公司公布的年度财务报告，年报中慈善捐赠数据主要来自样本公司会计报表附注中披露的"营业外支出"项目，通过数据挖掘手工搜集、整理得到。同时，从 WIND 数据库的"公司公告"中检索了沪深两市 A 股上市公司在 2007—2012 年期间的慈善捐赠公告，捐赠公告中的数据可以直接获得，进而将慈善捐赠公告信息与年报捐赠信息进行了对照，帮助鉴别本研究捐赠数据的准确性。此外，上市公司年报在披露慈善捐赠信息时，可能会以"公益性支出""救济性捐赠""现金捐赠""捐献""捐赠款""公益救济性捐赠支出""公益捐赠""公益性捐赠支出""救济捐赠""救济捐赠支出""捐款"或"捐赠"等不同名称来体现企业的慈善捐赠金额,有的企业还将"捐赠和赞助支出"合并在一起进行报告等。这些情况中可能有部分与本研究的慈善捐赠概念存在一定的差异,根据本书研究需要,依据以下标准对初选样本进行筛选,以挑出合格的样本:

第一,在年报"重要事项"或"备查文件"所提到的捐赠数额与会计报表附注中所提供的捐赠数据不符时,采用会计报表附注中捐赠数据[①],因为会计报表附注中数据经过核准,准确程度更高。如果上市公司当年披露的捐赠数据与下一年披露的上一年数据明显不能吻合且在下一年也没有找到任何合理解释,这种情况下基本可以判断该数据有问题,故本研究对此做剔除处理。

第二,由于上市公司财务报告并未强制要求披露企业的慈善捐赠情况,年报中未披露任何捐赠信息的公司可能未参与慈善捐赠,也可能有过捐赠行为,只是没有在年报中披露出来,但真相究竟怎样客观上存在识别困难,对此,本书只能假定此类企业的捐赠金额为 0。

第三,鉴于公益性捐赠支出更能充分体现捐赠的慈善性质,如果年报中既出现对外捐赠数据,又出现公益性捐赠数据,则以公益性捐赠数据为准[②]。

第四,某些公司年报中所披露的捐赠金额可能已经包含实物捐赠部分的价值,结合本研究特点,本书对此并未做特殊区分,但是如果年报中仅披露捐赠物资却没有折算成具体金额的[③],本研究将剔除此类样本,因为我国尚未形成明确、统一的估算标准,将捐赠物资折算成货币价值进行计量缺乏可操作性。

第五,对捐赠给公司自己基金会的样本进行筛除[④],因为这一类样本的捐赠行为严格意义上并不属于本研究所要探讨的对象。

---

① 例如,海油工程(600583)在 2008 年年报的备查文件企业社会责任报告中说明 2008 年全年累计捐助款达 459 万元,在"营业外支出"注明"捐赠支出"220 万元。

② 例如,安泰集团(600408)在 2008 年年报中报告对外捐赠支出 1 683.5 万元,同时说明公益性捐赠支出为 990 万元。

③ 例如,2008 年度,中国联通(600050)四川公司通过大灵通网络播发了灾害天气预报等公益信息 900 余万条,江西公司通过省民政厅向灾区捐助面值达 100 万元的电话卡,向扶贫县党政机关、乡村和中小学校捐赠了旧办公电脑 150 余台、办公家具 350 余件(套),捐赠图书 4 000余册,还向北京盲人学校捐赠 150 部定位服务终端……

④ 例如,三一重工(600031)在 2008 年度向旗下的"三一基金"捐资 1 500 万元。

第六，在备查文件企业社会责任说明中有提到捐赠数据，但是具体金额模糊不清，而在年报报表附注中也没有明确列出相应捐赠数据支出的[①]，本研究将此类样本剔除。

第七，由于赞助捐赠不符合慈善捐赠的要求，本研究对在捐赠数据中明确包括赞助捐赠且难以将赞助捐赠从中区分开来的样本[②]予以剔除。对于那些将慈善捐赠与罚款放在一起进行统计而无法区分的公司样本，本研究也相应地将其剔除。

第八，在年报或者公告中将公司捐献、员工捐献以及其他利益相关者捐献数据混淆在一起无法分拆的[③]，本研究同样将此类样本做剔除处理。

第九，由于处于金融行业的上市公司其年度财务报表的结构与其他行业的上市公司存在明显差异，且其适用的会计准则和会计方法与非金融行业上市公司也具有较大区别，所以遵循已有研究的惯例，本研究将所有金融行业的上市公司予以剔除。

第十，本研究剔除了 ST、* ST 等非正常交易状态的上市公司样本，因为这类公司一般已经连续亏损两年以上，财务状况出现异常，或尚未完成股权改革，若将这类公司纳入到样本之中很可能会影响本书研究结论的可靠性和一致性，而且 ST、* ST 等非正常交易状态的上市公司有时蓄意采取某种方式对其财务报表中的数据进行美化，用其对外公布的报表财务数据计算相应的财务指标，真实性难以得到保障。国内既有文献在实证研究的过程中对 ST、* ST 等非正常交易状态的上市公司也通常不作考虑（杜兴强、冯文滔，2012；郭剑花，2013；潘奇，2011；王曾等，2014；易冰娜，2012）。

综上所述，经过初步筛选得到了慈善捐赠公司样本，依据企业慈善

---

① 例如，南方航空（600029）在 2008 年度的财务报告中披露该公司全体员工心系灾区、慷慨解囊，为灾区捐款超过 3 000 万元。其中特殊党团费 974 万元，基金会共向各学校捐赠近 400 万元，但在营业外支出等附注中没有明确提出捐赠金额。又如，上海能源（600508）在 2008 年报的备查文件企业社会责任报告中说明汶川地震后，广大职工积极响应公司号召，踊跃捐款，公司职工有 33 593 人次捐款 108.89 万元，另公司捐赠上海市总工会 20 万元转交上海红十字支援灾区，缴纳特殊党费 115.13 万元，但"营业外支出"中未提及捐赠支出，只列出其他支出 255 万元。

② 例如，亿利能源（600277）在 2008 年"营业外支出"中列出赞助费、捐赠总共 34 713.16 元。

③ 例如，山西焦化（600740）在 2008 年财务报告中披露南方雨雪冰冻灾害、汶川特大地震灾害发生后该公司积极组织捐款，捐款金额 399 687 元，1 158 名党员共缴纳特殊党费 809 298 元。

捐赠行为发生的时间,本研究继续从 WIND 数据库中采集样本公司每个考察年度的企业财务数据、特征数据和治理数据等,具体包括企业营业收入、企业上市年限、企业销售费用、纳税额、分配股利、利润或偿付利息支付的现金、机构投资者持股数、前十位大股东持股比例之和等数据,以及总资产报酬率、流动比率、应付账款周转率等财务指标。此外,需要说明的是,企业研发投入的数据是在上市公司年报挖掘时同慈善捐赠数据一起收集整理的,本研究中所用到的区域市场化程度数据直接取自樊纲等(2011)的《中国市场化指数》报告。为避免异常值的影响,本研究对有效样本中的主要连续变量在 1% 和 99% 的水平上进行了 Winsorize 调整。

三、研究样本数据描述

本书对研究样本数量、行业大致分布以及考察期间沪深股市的捐赠金额进行了分类整理,如表 4.1、表 4.2 和图 4.1、图 4.2 所示。从下列图表可以看出,2007—2012 年期间参与慈善捐赠的上市公司数目整体呈上升趋势,说明慈善捐赠在我国上市公司中已经成为一种普遍行为并表现出了持续增长的势头,特别是 2008 年这一年内参与慈善捐赠的公司激增,可能与我国 2008 年汶川大地震引发全国范围的应急捐赠热潮有关,2009 年参与捐赠的公司与 2008 年相比有所下降,但从 2010 年起捐赠企业数量逐渐恢复高位并逐年稳步增加。从行业分布来看,观察年度内有过捐赠的上市公司所处行业涵盖了农、林、牧、渔业,采掘业,制造业,电力、热力、燃气及水生产和供应业,建筑业,交通运输、仓储业,信息技术业,批发和零售贸易,房地产业,社会服务业,传播与文化产业等大类行业。观察可知,其中绝大部分集中于制造业行业,占所有捐赠公司的 60.48%;其次是信息技术行业,占比为 7.73%;拥有捐赠公司数量位于第三的行业有两个,分别是是批发和零售贸易以及房地产业,占比均为 5.28%;而传播与文化产业内参与慈善捐赠的上市公司数量最少,仅占总数的 1.42%。总体而言,捐赠公司的行业分布还是较为广泛的。

表 4.1　各观测年度参与慈善捐赠的上市公司数量

类　别	2007 年	2008 年	2009 年	2010 年	2011 年	2012 年
参与慈善捐赠企业数	862	1 163	871	1 314	1 615	1 720
企业总数	2 468	2 468	2 468	2 468	2 468	2 468

注:本研究采用平衡面板,以 2012 年的上市公司为准进行数据整合。

表 4.2　参与慈善捐赠公司的行业分布情况

行　业	样本数	样本百分比(%)
农、林、牧、渔业	45	1.93
采掘业	59	2.53
制造业	1 408	60.48
电力、热力、燃气及水生产和供应业	69	2.96
建筑业	53	2.28
交通运输、仓储业	70	3.01
信息技术业	180	7.73
批发和零售贸易	123	5.28
房地产业	123	5.28
社会服务业	77	3.31
传播与文化产业	33	1.42
综合	88	3.78

注:根据我国证监会《上市公司行业分类指引》归类整理所得,由于本研究在样本筛选时已将所有金融行业的上市公司予以剔除,所以表中缺失金融、保险业。

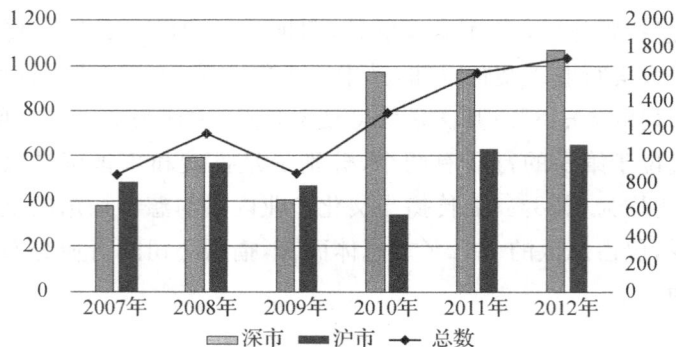

图 4.1　企业与社会内嵌期沪深股市参与慈善捐赠的公司数(柱状图)

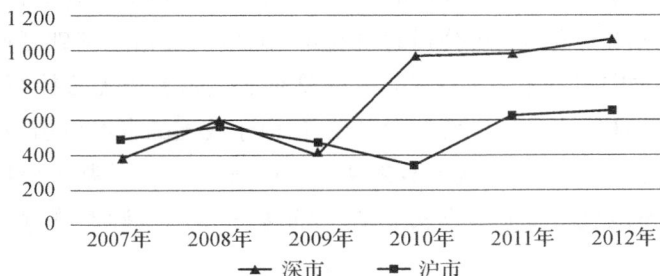

图 4.2　企业与社会内嵌期沪深股市参与慈善捐赠的公司数（折线图）

第二节　研究设计

一、研究变量设定

（一）因变量

本研究的因变量是企业绩效（FP）。企业绩效是指一定时期内企业的经营业绩，其定量分析主要考察企业在盈利能力、成长能力、债务风险、资产质量等方面的业绩情况。学术界对企业绩效的测量通常分为主观性绩效指标和客观性绩效指标这两大类（杨京京，2013），慈善捐赠与企业绩效关系研究中绝大多数文献均采用的是企业的客观性绩效，本研究也不例外，而且由于本研究的样本取自我国上市公司，因此客观性绩效的可得性能够得到保障。

已有研究表明，一般以会计基础、市场基础以及经济基础等方式来测量企业的客观性绩效。基于经济基础的测量将经济利润作为评价企业绩效的最佳标准，Marshall（1890）指出，同时补偿企业的经营成本和资本成本才能算是真正的盈利，也就是所谓的经济利润的概念。20 世纪 80 年代兴起的经济增加值（EVA）及其相关指标用于度量公司财富创造的能力，是对经济基础测量的一大发展，但 EVA 指标的计算过程比较复杂、获取成本高，况且 EVA 指标的应用需要以股市有效为前提，而不够成熟的股票市场容易导致资本成本的度量存在问题，所以就目前而言，以经济基础指标来测度我国上市公司的绩效并不现实。而市场基础测量指标的影响因素（如股市的供求关系等）一般是企业经营者所无法控制的，所以市场指标往往不容易受经营者的操纵，但由于我国的资本市场尚不完备，股价的泡沫成分较多，市场的有效性未能得到证实，导致基于市场基础的测量往往不能反映企业的真实业绩，因此基于市场基础的测量方式目前亦不太适用。

根据上述分析，为了更好地反映企业绩效，本研究选取基于会计基础的测量方式，会计基础指标获取相对容易且便于操作、适用性较强。国内外诸多学者均采用总资产报酬率（ROA）这一财务指标衡量公司业绩（Tan & Peng，2003；Wang & Qian，2011；姚俊等，2005）。温素彬、方苑（2008）指出，ROA 是一项概括性很强的财务指标，包含盈利水平、销售效率、生产效率以及财务杠杆等多方面的经营绩效，与 ROE 相比，ROA 能够更全面地刻画出企业对资产的利用程度。此外，由于 ROE 是企业增发考核的重要指标，部分上市公司可能会人为操纵净资产收益率以达到增发要求，使得净资产收益率这一指标难以反映出公司经营业绩的真实状况。因此，遵循既有研究中的普遍做法，本书主要采取总资产报酬率 ROA，即息税前利润与平均总资产的比值这一财务指标来衡量企业绩效，同时兼顾使用其他绩效测量指标以检验研究结论的稳健性。考虑到行业差异[①]，本书在绩效测量时进行了行业调整（丁友刚、宋献中，2011；吴先聪，2012），以较好地避免行业间差异所导致的潜在联动性偏差（potential simultaneity bias）。具体的做法是，先计算出企业所处行业的绩效中位值，再用该企业的绩效水平减去同行业的绩效中位值，以行业调整后的企业绩效水平表示。

（二）自变量

本研究中自变量是慈善捐赠。企业慈善捐赠数据手工摘录自我国上

---

① 参照我国证监会（CSRC）的行业分类标准，本研究将各样本公司归为以下 13 大类行业中：农、林、牧、渔业；采掘业；制造业；电力、热力、燃气及水生产和供应业；建筑业；批发和零售业；交通运输、仓储业；信息技术业；批发和零售贸易；金融、保险业；房地产业；社会服务业；传播与文化产业；综合。

市公司年报附注中的"营业外支出"项目。借鉴 Wang et al.(2008)，Wang & Qian(2011)及王端旭、潘奇(2011)等的做法，本研究对自变量慈善捐赠的处理分为 2 个步骤：一是区分哪些企业参与了慈善捐赠、哪些企业未参与慈善捐赠，设定企业捐赠与否的二元哑变量；二是记录那些有过慈善捐赠行为的企业其具体的捐赠水平。现有文献中对慈善捐赠水平的测量主要有绝对捐赠(Zhang et al.，2010)和相对捐赠(Crampton & Patten，2008)两种方法。Hempel & Gard(2004)认为由于企业营业收入不同，捐款数量多的公司其捐款在收入中的比例可能反而低于收入少的公司。Neubaum & Zahra(2006)也认为，一般情况下规模越大的公司拥有更多的冗余资源来参与慈善捐赠，所以对实际捐赠额进行规模调整可以更好地反映出一个企业的慷慨程度。鉴于此，本书用慈善捐赠支出占总资产的比例衡量企业的相对捐赠水平，由于数值太小，以百分数的形式表示。于是，本研究最终得到捐赠与否(IFGIV)和捐赠水平(GIV)这两个捐赠变量，分别用于本研究 Heckman 两阶段法的第一阶段和第二阶段，以控制样本选择性偏差。

(三) 第一类调节变量

本研究中调节变量分为两类：第一类是简单调节变量，即企业的低层次社会状况与长期价值导向表现；第二类是深层调节变量，即企业可见性。

企业低层次社会责任包括经济责任、法律责任和道德责任。首先，参照李庆华、胡建政(2011)等的研究，企业低层次社会责任中的经济责任采用股息支付率(DIR)指标进行测量。一般而言，履行经济责任也就意味着企业要对其货币资本利益相关者(主要包括股东和债权人)负责。纪建悦、吕帅(2009)认为公司的长期投资股东，更加关注该公司的股利回报，而对公司股票价格短期波动并不太敏感。温素彬、方苑(2008)指出企业对债权人负责主要表现为及时还本付息。因此，本书以股息支付率来代表货币资本利益相关者投资获利的水平，反映企业基本经济责任的履行情况。该指标是以企业分配股利、利润或偿付利息支付的现金除以同时期营业收入计算得出(取其百分数形式)。

其次，借鉴沙勇(2013)等的研究，企业低层次社会责任中的法律责任采用资产纳税率（TAR）指标进行测量。税收是国家宏观调控的必要工具，是政府提供公共产品与服务，为市场经济运作创造良好外部条件的财力保障。企业积极纳税有利于国家经济体系的成功运作和国家职能的正常实现。政府通过相关法律、法规保障企业设立的合法性，与此同时政府要求企业诚信经营、依法纳税。因此，企业的纳税率在一定程度上代表了企业对政府负责、积极履行法律责任的水平。本书以企业年度纳税总额与同时期企业总资产的比值（取其百分数形式）来计算该指标。

再次，参考温素彬、方苑（2008），张旭等（2010）等的研究，企业低层次社会责任中的道德责任用应付账款周转率（SUR）指标进行测量。企业履行道德责任应该遵守社会道德规范，公平、公正地对待供应商等合作伙伴（Carroll，1991）。供应商作为企业的关键利益相关者之一，与企业运营有密切联系，是企业维持正常生产活动所需生产资料的供给者，也是整条供应链的起点（童利忠、张优德，2001）。企业对供应商负责主要体现在履行商业供货合同、按时交付货款等方面，因此本书用应付账款周转率反映企业对供应商所负道德责任的履行情况。通过主营业务成本与期末存货成本之和减去期初存货成本后除以平均应付账款计算得到该指标，该指标越高说明企业占用供应商货款的时间越短，企业履行道德责任的状况就越好。

企业的长期价值导向一般通过量表测量（Wang & Bansal，2012），但也有学者通过二手数据进行实证研究，从侧面反映企业关注长期还是短期利益的倾向（Kang，2013）。本书同样基于上市公司的二手数据，具体选取机构持股（$INST$）和研发投入（RD）这两个代理变量来衡量企业长期价值导向这一较为抽象的概念。其一，机构投资者持股作为重要的外部治理机制，通常能够向利益相关者传达企业具有长期导向的信号。机构投资者一般情况下是成熟老练的投资者（唐松莲、袁春生，2010），往往能够识别出拥有发展潜力的企业，而且机构投资者集中了众多自然人的资本，投入股份较大、股权集中度较高（李维安、李滨，2008），容易被"锁定"于被投资企业中无法轻易退出，促使机构投资者倾向于长期持股并关注企业的长远发展，因此高机构持股比例一定程度上反映了企业的长期导向。参照 Gillan & Starks（2000）的做法，本书以机构投资者持股数占总流通股数的比例（百分数形式）来度量机构持股变量（$INST$）。与

WIND 数据库的统计标准一致,本书中的机构投资者包括基金、券商、券商理财产品、QFII、保险公司、社保基金、企业年金、信托公司、财务公司、银行、一般法人、阳光私募和非金融类上市公司。

其二,研发投入是企业完善生产流程、改进产品质量的支撑,为企业培育创新能力奠定基础(Padgett & Galan,2010),创新技术和流程提高能耗效率、降低环境污染,是企业长期导向、注重长远效益的重要体现,而且研发与创新活动前期需要投入大量资金且周期较长,其产出却存在滞后性和不确定性,企业研发活动还常常遭遇失败(Boulding et al.,1997),即使研发成功,研发成果能否被市场所认可依然有很大不确定性,因此短期化倾向的企业推动研发投入的意愿势必较为薄弱,而高研发投入则能够在某种意义上折射出企业的长期价值导向。关于研发投入,国内外文献中常以专利申请数或研发支出度量。鉴于一个企业申请某项专利往往要历经数年才能完成,且专利申请数量容易受到某些人为不确定因素如政府专利受理机构等的影响而出现异常变动,削弱了该测量方式对研发投入的代理效用(陈守明、唐滨琪,2012),本书采用规模调整后的研发支出,即研发支出额与同时期年末总资产的比值(百分数形式)来衡量企业研发投入的水平(RD)。

(四)第二类调节变量

企业可见性。本研究中的企业可见性指的是企业引起消费者、员工、供应商、投资者、政府等各利益相关者关注的程度。作为企业的一种独特属性,可见性反映了企业在市场中的地位、媒体曝光度以及对利益相关者的吸引力(Julian et al.,2008;Clemens & Douglas,2005)。当有关企业经营活动的信息经常被曝光,企业在利益相关者心目中就有了可见性,可见性是通过公众的知晓程度体现出来的(卫武等,2013)。Wang & Qian(2011)研究指出,广告营销强度是衡量企业可见性的一项关键性指标。广告媒体一直扮演着企业与利益相关者之间信息传递者的角色(Brammer & Millington,2008),大量的广告营销活动能够有效提高企业的可见性,为企业吸引更多来自外部的利益相关者,特别是来自消费者和潜在雇员的关注(Adams & Hardwick,1998;Wang & Qian,2011)。因此,本研究参照Wang & Qian(2011)等的做法,以广告营销强度来测量企业可见性,具体的计算方法是取规模调整后的销售费用，即销售费用与同时期总资产的比例来代表一个企业在广告和其他营销活动上的相对投资，这一测量方式基本契合本研究主旨，也与既有研究保持了较高的可比性。

（五）其他变量

根据以往的相关理论及文献，本书还设置了若干控制变量以增强研究结论的说服力。企业规模（$SIZE$），定义为企业营业总收入的自然对数，大企业机构庞大、管理层级多，管理成本增加的同时很可能带来管理组织官僚化等问题，导致决策和控制信息失真，对企业绩效产生负面影响。企业年龄（AGE），定义为企业上市年限的自然对数，上市时间越长的公司所面临的代理冲突（agency conflict）程度可能越高（Wang et al.，2008），而且我国企业上市前粉饰利润的现象时有发生，这会对后续年度的业绩造成持续的不利影响。广告强度（AD），与企业可见性的测度一致，以企业销售费用与同时期营业收入的比值表示。冯仁涛等（2013）研究表明，广告营销可以提高品牌知名度和产品差异化，具有创造竞争优势的作用，对企业绩效存在显著影响。需要说明的是，在深层调节效应检验的过程中，广告强度作为企业可见性的代理变量将不再出现于控制变量之列。制度环境（MI），我国经济发展具有明显的区域特征，企业所在区域的市场化进程越快，企业获取资源的便利性越好，从而能获得更好的绩效。本书以樊纲等（2011）编制的各地区市场化指数来衡量制度环境变量，根据往年数据，采取一元线性回归方法预测补全未披露信息年度的数据。上一年绩效（$PAST$）可能对当年企业绩效产生重要影响，在本研究中也将其作为控制变量加以控制，并采用企业上一年经行业调整后总资产报酬率的数值表示。股权集中度（SHC），以公司前十位大股东持股比例之和来表征。徐莉萍等（2006）研究表明，大股东持股比例越高，其监督企业经营过程的动力越强，有利于企业绩效的提升。此外，本书设置了年度虚拟变量（$YEAR$）用以控制宏观经济形势对企业绩效的影响，由于绩效测量时已通过行业中值调整对行业差异加以控制，所以本书并未额外设置行业虚拟变量。

在本研究所运用 Heckman 两阶段纠正程序的第一阶段回归方程中亦包含了企业规模、企业年龄、广告强度、制度环境这些解释变量，以预测企业捐赠的可能性。捐赠可能性（*IFGIV*）是企业捐赠与否的二元哑变量，某一年度参与捐赠的企业被编码为 1，否则记为 0。规模（*SIZE*）越大、上市年限（*AGE*）越长、所处区域市场化进程（*MI*）越快的企业可见性越高，容易受到更多来自媒体或公众的关注和监督，出于压力其捐赠的可能性更大（Seifert et al.，2004；Wang & Qian，2011）。广告强度（*AD*）反映了企业投资于广告等营销活动的意愿和努力，重视营销的企业致力于通过品牌形象建设提高竞争优势，所以越重视营销的企业越可能捐赠（张建君，2013）。综合 Du et al.(2014) 及 Wang & Qian(2011) 等的研究，Heckman 第一阶段估计中新增了企业冗余资源、行业捐赠和行业增长这三个重要解释变量。冗余资源（*SLACK*）的多少决定了一个企业参与捐赠活动的资源充裕与否，以流动比率，即流动资产与流动负债的比值来衡量。同行的捐赠行为可能会对企业捐赠决策形成干预，行业捐赠（*INDGIV*）代表行业层面的慈善捐赠水平，用行业捐赠额与行业总收入的比值表示（取其百分数形式）。由于这一变量与捐赠可能性强相关但并不直接影响企业财务绩效，因而它还可以充当有效的工具变量。行业增长（*INDGRO*）以企业所在行业过去五年平均年度销售增长率来度量，与行业捐赠相同，都是按照我国证监会行业大类的分类标准计算得到。

表 4.3 给出了本书所有研究变量的描述一览表。

表 4.3　本书研究变量的名称、标志及定义一览表

名　称	标　志	含义与度量
企业绩效	*FP*	经行业调整后的总资产报酬率（息税前利润与平均总资产的比值）
慈善捐赠水平	*GIV*	相对捐赠水平，用企业捐赠金额与同时期总资产的比值表示
捐赠可能性	*IFGIV*	二元哑变量，将某一年度参与捐赠的企业记为 1，否则为 0
股息支付率	*DIR*	企业分配股利、利润或偿付利息支付的现金/同时期营业收入
资产纳税率	*TAR*	企业年度纳税总额/同时期企业总资产
应付账款周转率	*SUR*	（主营业务成本＋期末存货成本－期初存货成本）/平均应付账款

续　表

名　称	标　志	含义与度量
机构持股	INST	年末全部机构投资者持股数占流通股数的比例
研发投入	RD	企业研发支出与同时期年末总资产的比值
企业可见性	VISI	企业销售费用/同时期营业收入
企业规模	SIZE	采用企业营业收入的自然对数表示
企业年龄	AGE	采用企业上市年限的自然对数表示
广告强度	AD	企业销售费用/同时期营业收入
制度环境	MI	用企业经营所在地的市场化指数表示①，取自樊纲等(2011)的研究
上一年绩效	PAST	企业上一年经行业调整后的总资产报酬率
股权集中度	SHC	前十位大股东持股比例之和
冗余资源	SLACK	用流动比率，即企业流动资产与流动负债的比值表示
行业捐赠	INGIV	行业层面的慈善捐赠水平，用行业捐赠额与行业总收入的比值表示
行业增长	INGRO	行业过去五年平均年度销售增长率，按照证监会行业大类计算得出

二、回归模型构建

本书的研究问题大致包含三个：一是研究企业低层次社会责任状况对慈善捐赠效果的调节机制；二是研究企业长期价值导向表现对慈善捐赠效果的调节机制；三是探讨企业可见性对前述两种调节机制的深层影响。前两个研究问题是平行的，均试图解释慈善捐赠与企业绩效关系不确定性的权变机制，第三个研究问题进一步深入分析了企业低层次社会责任状况和长期价值导向表现发挥调节效应的边界条件。为了解决以上这些研究问题，本书应用 Heckman 两阶段分析法（详见本章第三节的阐述）并建立相应的回归模型展开实证检验。

---

① 对于在多个省份都有经营的企业，取其主要经营所在地的市场化进程得分。

(一) 企业低层次社会责任状况的调节作用

根据前文假设,本研究构建如下的回归方程以检验企业低层次社会责任状况对慈善捐赠与企业绩效关系的调节作用:

$$FP = \beta_0 + \beta_1 SIZE + \beta_2 AGE + \beta_3 AD + \beta_4 MI + \beta_5 PAST + \beta_6 GIV +$$
$$\beta_7 DIR + \beta_8 TAR + \beta_9 SUR + \beta_{10} GIV \times DIR + \beta_{11} GIV \times TAR +$$
$$\beta_{12} GIV \times SUR + \beta_{13} \lambda + \beta_i YEAR + \varepsilon \tag{1}$$

式中,FP 为因变量企业绩效;GIV 是自变量慈善捐赠水平;DIR、TAR 和 SUR 分别为企业低层次社会责任行为中经济责任、法律责任和道德责任的代理变量;β_0 为常数项;β_1—β_{13} 是待估计的回归系数;λ 为逆米尔斯比率(详见后面的样本选择性偏差介绍),ε 为误差项。本研究主要关心的是交互项 $GIV \times DIR$、$GIV \times TAR$ 以及 $GIV \times SUR$ 的系数。如果 $GIV \times DIR$ 对因变量 FP 的回归系数 β_{10} 为正且显著不等于 0,则说明企业履行基本经济责任的状况对慈善捐赠与企业绩效之间的关系具有正向调节作用;如果 $GIV \times TAR$ 对因变量 FP 的回归系数 β_{11} 为正且显著不等于 0,则说明企业履行法律责任的状况对慈善捐赠与企业绩效之间的关系具有正向调节作用;如果 $GIV \times SUR$ 对因变量 FP 的回归系数 β_{12} 为正且显著不等于 0,则说明企业履行道德责任的状况对慈善捐赠与企业绩效之间的关系具有正向调节作用。为减轻可能存在的多重共线性问题,在计算交互项之前对变量做了均值中心化处理(下同)。

(二) 企业长期价值导向表现的调节作用

类似地,根据前文假设,本研究构建如下的回归方程以检验企业长期价值导向表现对慈善捐赠与企业绩效关系的调节作用:

$$FP = \beta_0 + \beta_1 SIZE + \beta_2 AGE + \beta_3 AD + \beta_4 MI + \beta_5 PAST +$$
$$\beta_6 SHC + \beta_7 GIV + \beta_8 INST + \beta_9 RD + \beta_{10} GIV \times INST +$$
$$\beta_{11} GIV \times RD + \beta_{12} \lambda + \beta_i YEAR + \varepsilon \tag{2}$$

式中,$INST$ 和 RD 均为企业长期价值导向表现的代理变量;β_0 为常数项;β_1—β_{12} 是待估计的回归系数;λ 为逆米尔斯比率;ε 为误差项。

需要说明的是,由于方程(2)的调节变量涉及机构持股比例,所以与方程(1)相比,方程(2)中多设置了一个控制变量 SHC 以控制公司治理结构因素的影响。本研究主要关心的是交互项 $GIV \times INST$ 和 $GIV \times RD$ 的系数。如果 $GIV \times INST$ 对因变量 FP 的回归系数 β_{10} 为正且显著不等于 0,则说明企业的机构持股表现对慈善捐赠与企业绩效之间的关系具有正向调节作用;如果 $GIV \times RD$ 对因变量 FP 的回归系数 β_{11} 为正且显著不等于 0,则说明企业的研发投入表现对慈善捐赠与企业绩效之间的关系具有正向调节作用。

(三) 企业可见性对上述调节效应的深层影响

为检验不同企业可见性下企业的低层次社会责任状况以及长期价值导向表现的调节效应差异,本研究进一步建立如下两个回归方程:

$$FP = \beta_0 + \beta_1 SIZE + \beta_2 AGE + \beta_3 AD + \beta_4 MI + \beta_5 PAST + \beta_6 GIV + \beta_7 DIR + \beta_8 TAR + \beta_9 SUR + \beta_{10} GIV \times DIR + \beta_{11} GIV \times TAR + \beta_{12} GIV \times SUR + \beta_{13} GIV \times VISI + \beta_{14} DIR \times VISI + \beta_{15} GIV \times DIR \times VISI + \beta_{16} TAR \times VISI + \beta_{17} GIV \times TAR \times VISI + \beta_{18} SUR \times VISI + \beta_{19} GIV \times SUR \times VISI + \beta_{20} \lambda + \beta_i YEAR + \varepsilon \quad\quad (3)$$

方程(3)用于检验企业可见性对企业低层次社会责任状况调节效应的深层调节影响,本研究所关注的主要是三次乘积项 $GIV \times DIR \times VISI$、$GIV \times TAR \times VISI$ 以及 $GIV \times SUR \times VISI$ 的系数。如果 $GIV \times DIR \times VISI$ 对因变量 FP 的回归系数 β_{15} 为正且显著不等于 0,则表示企业可见性高时,企业履行基本经济责任的状况对慈善捐赠效果的调节效应将更强;如果 $GIV \times TAR \times VISI$ 对因变量 FP 的回归系数 β_{17} 为正且显著不等于 0,则表示企业可见性高时,企业履行法律责任的状况对慈善捐赠效果的调节效应将更强;如果 $GIV \times SUR \times VISI$ 对因变量 FP 的回归系数 β_{19} 为正且显著不等于 0,则表示企业可见性高时,企业履行道德责任的状况对慈善捐赠效果的调节效应将更强。

$$FP = \beta_0 + \beta_1 SIZE + \beta_2 AGE + \beta_3 AD + \beta_4 MI + \beta_5 PAST + \beta_6 SHC + \beta_7 GIV + \beta_8 INST + \beta_9 RD + \beta_{10} GIV \times INST + \beta_{11} GIV \times RD + \beta_{12} GIV \times VISI + \beta_{13} INST \times VISI + \beta_{14} RD \times VISI +$$

$$\beta_{15}GIV\times INST\times VISI+\beta_{16}GIV\times RD\times VISI+$$
$$\beta_{17}\lambda+\beta_i YEAR+\varepsilon \hspace{3cm} (4)$$

方程(4)用于检验企业可见性对企业长期价值导向表现调节效应的深层调节影响,本研究所关注的主要是三次乘积项 $GIV\times INST\times VISI$ 和 $GIV\times RD\times VISI$ 的系数。如果 $GIV\times INST\times VISI$ 对因变量 FP 的回归系数 β_{15} 为正且显著不等于 0,则表示企业可见性高时,企业机构持股表现对慈善捐赠效果的调节效应将更强;如果 $GIV\times RD\times VISI$ 对因变量 FP 的回归系数 β_{16} 为正且显著不等于 0,则表示企业可见性高时,企业研发投入表现对慈善捐赠效果的调节效应将更强。

本研究所采用的分析工具主要包括 Eviews 8 和 Excel 2013。

第三节 估计方法

本研究采用的是我国沪深两市 A 股上市公司 2007—2012 年的大样本面板数据(panel data),建立计量经济模型检验企业的低层次社会责任状况和长期价值导向表现对慈善捐赠效果的调节效应,以及企业可见性在这两种调节机制中的深层调节影响。经典的时间序列模型抑或截面模型实质上都只是一维数据模型,仅能捕捉到基于时间或基于截面单一维度的信息。例如,时间序列模型可以较好地反映研究变量的动态过程,但囿于自由度的限制,计量模型中只能纳入较少的研究变量;截面数据模型尽管可以纳入较多的研究变量,但反映的是某个静态的截面,变量的动态调整过程被掩盖在稳定的截面中,因此单纯的时间序列模型和截面数据模型在很多时候都难以满足问题研究时计量分析的需要。例如,在分析企业生产函数时,规模经济效应与技术进步最为关键,采用截面数据模型只能分析企业生产过程中的规模效应,采用时间序列模型只能在假定企业规模收益不变的情况下分析技术进步的演化。而面板数据模型,也称时间序列截面模型或混合模型,是时间序列模型与截面数据模型的融合(张红星、贾彦东,2006),属于二维数据模型,可以同时研究变量在截面与时间二维空间的变化规律,最大限度地利用变量在时间维度与截面维度的综合信息,从而可以更加有效地探索研究变量的真实规律(王倩,2014;潘奇,2011)。总体而言,在具体的计量模型构建和分析中,面板数据可以较好地避免时间序列模型带来的多重共线性困扰以及由于关键解释变量的不可观测性给计量模型分析准确性带来的影响,使估计结果更加可靠(Hsiao,1985)。

尽管本研究使用的面板数据量大可以带来充足的信息量,有助于计量模型反映出各自变量对因变量的独特贡献,但自变量之间存在的共线性是仍需探讨的问题。所谓多重共线性(multi-collinearity)是指在计量模型的构建过程中,由于解释变量之间存在高度相关性,导致计量模型估计结果的失真或计量模型的不稳定。一般完全共线性较少,更多情况是近似共线性。计量模型估计过程中,多重共线性的存在意味着解释变量蕴含的信息高度重叠,各个自变量对因变量的贡献程度难以确定,导致回归系数严重失真;多重共线性的存在还会使解释变量的显著性无效,使计量模型估计失去意义。造成多重共线性的原因很多,较为常见的原因主要有三个:解释变量之间具有相同的变化趋势或者具有紧密的联系;采用同一解释变量的不同滞后期;样本收集的限制。为了避免多重共线性对计量模型估计结果有效性的影响,本书在进行计量回归之前计算每个解释变量的方差膨胀因子(VIF)以判定纳入模型中的各解释变量之间是否存在高度的相关性,即模型构建是否存在严重的多重共线性。通常以VIF值是否大于10作为模型是否存在严重多重共线性的判定标准,当某解释变量的VIF值大于10,就说明该变量能够被回归方程中所有其他变量解释的程度达90%,则存在严重的多重共线性;若所有解释变量的VIF值小于10,可以认为计量模型不存在严重的多重共线性,则模型估计结果是有效的。

为保证模型估计参数的准确性,计量经济学存在一系列的经典假设,其中就包括无内生性假定,具体内涵是自变量与随机误差不相关,用数学公式表示为 $E(u|X)=0$。但在实际研究过程中,计量模型的估计大多面临内生性问题的困扰,导致模型估计结果的可靠性受损。造成解释变量内生性问题的原因众多,如重要解释变量的遗漏、测量误差、模型设定错误、联立性、样本选择性偏差等。首先,构建计量模型时,认识存在偏差、理论分析有缺陷等原因会造成变量遗漏问题。这些被遗漏的重要变量尽

管未被作为解释变量,但它们对因变量的影响并没有随之消失,而是会通过计量方程中的误差项对因变量发生作用。当遗漏变量与模型中的某些解释变量之间明显相关时,就违反了 $E(u|X)=0$ 假定,产生解释变量内生性问题。本书在参阅企业绩效影响因素相关重要文献的基础之上,选择了一系列的控制变量,以减轻由遗漏变量所导致的解释变量内生性问题。本研究遵循宁多勿少的控制变量选取原则,因为控制变量多一个至多影响模型估计的有效性,这可以通过大样本来解决,而控制变量少一个,则会直接影响模型估计结果的无偏性。其次,当所搜集的数据未能如实反映变量之间真实关系时,构建的模型就会包含测量误差。针对可能存在的测量误差,本研究严把数据质量关,采用上市公司年报所披露的数据,并运用多种方法进行稳健性检验。再次,几乎所有的变量都是内生变量,也就是说变量之间存在相互的作用机制,而并非是单向影响。具体到慈善捐赠与企业绩效关系研究,被解释变量企业绩效和解释变量慈善捐赠之间可能存在相互影响。企业社会责任与企业财务绩效一定程度上互为因果,这种反向因果关系也是有待探讨的内生性问题。本书主要通过方程的滞后结构进行处理(将所有解释变量都相对于被解释变量滞后一期进行检验)以降低反向因果关系的干扰,这是本领域研究的常用做法(Fields,1979;Lu et al.,2020)。最后,源于样本选择性偏误的内生性问题是本研究进行实证分析时所需要重点解决的问题(戴亦一等,2014;徐业坤等,2013)。

计量分析结果的准确性依赖于从总体中抽取的样本。在计量分析中,为使基于样本数据的估计参数可以基本准确地反映总体的真实特征,即基本保证估计参数的一致性与无偏性,通常要假定样本的抽取遵循独立随机抽样规则。而当样本选取方式并非独立随机抽样时,样本观测值就称为选择性样本(selcetive samples model)。选择性样本不能如实反映总体特征,也难以保证估计参数的一致性与无偏性。具体地,当因变量的样本观测值的选取并非遵循随机抽样准则时,由此构建的模型也称为限值因变量模型(model with limited dependent variable)。模型估计参数由于样本选择性偏误的存在难以满足无偏性与一致性,其估计结果也就失去了意义。具体到企业慈善捐赠研究中,样本选择性偏误问题近年来越来越受关注。Wang et al.(2008),Wang & Qian(2011)等指出，研究企业的慈善捐赠行为时，如果只选择从事慈善捐赠的企业作为研究对象，就会导致样本选择性偏误，因为存在某些变量既可能影响企业做出是否从事慈善捐赠的决策，也可能会影响企业的绩效。当构建的计量回归模型中只包含从事慈善捐赠的样本时，所估参数就很可能是有偏的。

为解决这种样本选择性偏误所带来的问题，Wang et al.（2008），Brammer & Millington（2008），Wang & Qian（2011）等均运用 Heckman（1979）所提出的两阶段分析法进行处理，Heckman 两阶段法已成为目前慈善捐赠与企业绩效关系研究中所采用的主流方法。借鉴上述重要文献的做法，本书也主要采用 Heckman 两阶段模型来解决样本选择性偏差的内生性问题。由于捐赠和未捐赠的企业之间可能存在系统性差异，是否参与捐赠可能与观测不到而又影响企业绩效的因素系统相关，所以如果只用有过捐赠的企业作为研究样本，则很可能会导致绩效回归方程中的参数估计量产生偏误，无法准确地揭示慈善捐赠水平对企业财务绩效的实际影响。为此，本书借鉴前人的研究方法，在 Heckman 第一阶段估计中，构建企业捐赠行为影响因素的二值 Probit 模型，基于全样本，以捐赠可能性（$IFGIV$）为被解释变量，以企业规模（$SIZE$）、企业年龄（AGE）、广告强度（AD）、制度环境（MI）、冗余资源（$SLACK$）、行业捐赠（$INGIV$）和行业增长（$INGRO$）为解释变量，同时控制了行业和年度，分析企业是否参与慈善捐赠的选择性问题，借助回归结果构造选择校正项，即逆米尔斯比率（inverse mills ratio，λ），并将其作为控制变量引入 Heckman 第二阶段估计即慈善捐赠对企业绩效的回归方程中。如果 λ 的系数显著不为 0，说明存在明显的样本选择偏差，则此时采取 Heckman 两阶段分析法是十分必要的。由于行业捐赠这一变量与捐赠可能性强相关但并不直接影响企业财务绩效，因而还可以充当有效的工具变量，保证 Heckman 第一阶段的选择方程与第二阶段的结果回归模型不至于出现严重的共线性。

第四节 本章小结

本章对本书的研究样本、数据收集以及研究方法进行了详细的阐述，主要内容总结如下：

本研究的样本数据主要包括捐赠数据、企业财务数据、企业特征数据、行业和区域数据等，其中，企业的慈善捐赠数据和研发投入数据摘录自上市公司年报；企业财务数据、企业特征数据、治理数据等基本来源于WIND数据库，具体包括企业营业收入、企业上市年限、企业销售费用、纳税额、分配股利、利润或偿付利息支付的现金、机构投资者持股数、前十位大股东持股比例之和等数据，以及总资产报酬率、流动比率、应付账款周转率等指标；区域市场化程度数据是直接取自樊纲等(2011)的《中国市场化指数》报告。本研究聚焦我国企业与社会内嵌期企业慈善捐赠行为及后果，考察样本数据的时间跨度为2007—2012年。

本书的研究问题大致包含三个：一是研究企业低层次社会责任状况对慈善捐赠效果的调节机制；二是研究企业长期价值导向表现对慈善捐赠效果的调节机制；三是探讨企业可见性对上述两种调节机制的深层影响。前两个研究问题是平行的，均试图解释慈善捐赠与企业绩效关系不确定性的权变机制，第三个研究问题进一步深入分析了企业低层次社会责任状况和长期价值导向表现发挥调节效应的边界条件。本章的研究设计分别针对这三个研究问题建立了相应的回归模型，并对所有研究变量做出了较为清晰的界定。为解决样本选择性偏差问题，本书采用Heckman两阶段分析法进行估计，并对这一方法的基本原理和总体思路进行了介绍。

第五章 低层次社会责任状况的
调节效应检验

本章主要从企业的股息支付水平(经济责任)、依法纳税水平(法律责任)和支付供应商货款及时性水平(道德责任)这三个角度切入,实证检验低层次社会责任履行状况如何调节慈善捐赠与企业绩效之间的关系。第一节报告了本章研究变量的描述性统计和相关性分析结果。第二节报告了 Heckman 两阶段的回归结果以及稳健性检验的结果并进行分析。第三节是本章小结。

第一节 描述性统计及相关分析

一、变量描述性统计

表 5.1 列示了模型(1)所涉及主要变量的描述性统计结果,包括各变量的均值、标准差、最大值和最小值的描述,从中可以判断相关研究变量的大致分布情况。观察可知,本章研究中因变量 FP 的均值为 -0.167,标准差为 6.782,最小值和最大值分别为 -24.779 和 41.110,说明经过行业调整处理后的不同公司业绩差异仍然较大。自变量 GIV 的均值为 0.058,表明企业慈善捐赠平均占企业总资产的比例达 0.058%(相对捐赠水平是以百分数形式表示),标准差为 0.148,最大值和最小值分别为 1.075 和 1.25E-06,说明不同企业之间参与慈善捐赠的程度存在着较大差别。就调节变量而言,DIR 的均值为 5.161,表明上市公司分配股利、利润或偿付利息支付的现金平均约占营业总收入的 5.16%(股息支付率是以百分数形式表示),DIR 的标准差为 5.553,可见不同企业之间的股息

支付率差别较大；TAR 的均值等于 4.470,表明企业缴纳的税收总额平均占总资产的 4.47%（资产纳税率是以百分数形式表示）；SUR 的均值等于 9.832,表明各上市公司的应付账款周转率平均为 9.832 次/年,平均周转期约 37 天。

表 5.1 本章研究变量的描述性统计

变 量	均 值	标准差	最小值	最大值
FP	−0.167	6.782	−24.779	41.110
$SIZE$	21.145	1.387	17.222	25.311
AGE	2.110	0.774	0.000	3.045
AD	0.063	0.071	0.001	0.408
MI	9.672	2.180	3.250	12.812
$PAST$	−0.143	7.549	−24.779	39.893
GIV	0.058	0.148	1.25E-06	1.075
DIR	5.161	5.553	0.053	35.495
TAR	4.470	3.377	0.258	19.914
SUR	9.832	12.959	0.741	101.547

注：为避免异常值的影响,本研究对主要连续变量在 1% 和 99% 的水平上进行了 Winsorize 调整(后文实证检验过程中均作相同的处理),用 1% 和 99% 分位数的数值分别替换落于(1%,99%)之外两端的观测值。与删除异常值的做法相比,Winsorize 调整可以最大限度地保存数据信息且与数据多少无直接关系,在战略管理领域实证研究中的应用越来越普遍。

另外,控制变量中,$SIZE$ 的最大值等于 25.311,最小值等于 17.222,标准差为 1.387,说明不同企业之间规模相差较大。AGE 变量是企业上市年限的自然对数,最大值为 3.045,最小值为 0,表示有的企业在该观测当年才上市;平均值和标准差分别等于 2.110 和 0.774,说明我国上市公司已经进入了较平稳发展的阶段。AD 的均值为 0.063,标准差为0.071,最小值和最大值分别是 0.001 和 0.408,可见我国上市公司普遍都较为注重广告营销活动,销售支出占营业收入的比重平均达到 6.3%。MI 的均值为 9.672,标准差为 2.180,最小值为 3.250,最大值为 12.812，这表明不同企业所处的区域制度环境存在较大差距，在市场化改革过程中我国各省份的市场化进程差异巨大。上海、浙江、广东、江苏等发达地区的市场化程度得分较高，一些落后地区如甘肃、新疆等的市场化程度得分就相对很低，所有样本企业制度环境的平均得分在 9.672 左右。$PAST$ 的均值为 -0.143，标准差为 7.549，最小值和最大值分别为 -24.779 和 39.893，可见上一年绩效变量与因变量企业绩效的描述性统计结果相差不大，具有一致性。本章研究变量的描述性统计，如表 5.1 所示。

二、变量相关性分析

在进行假设检验之前，本章首先对回归方程（1）中的主要变量进行相关性分析以说明变量两两之间统计关系的强弱，具体结果如表 5.2 所示。从主要研究变量的相关系数结果可以看出，慈善捐赠与企业绩效显著正相关，相关系数为 0.145（$p<0.01$），说明企业慈善捐赠行为对企业绩效有显著的正向影响，主效应假设得到初步经验证据的支持。股息支付率、资产纳税率及应付账款周转率均与企业绩效显著正相关，相关系数分别为 0.060（$p<0.01$）、0.384（$p<0.01$）和 0.033（$p<0.05$）。同时，本研究还发现回归方程（1）中所设置的绝大多数控制变量与企业绩效之间都呈现出了较显著的依存关系，表明就分析慈善捐赠对企业绩效的影响而言，本部分选择的控制变量基本是合适的。其中，AGE 与 FP 之间的相关系数等于 -0.203（$p<0.01$），说明上市时间与企业绩效显著负相关；AD、MI 与 FP 之间的相关系数分别等于 0.151（$p<0.01$）和 0.127（$p<0.01$），说明企业的广告强度及其所处地区的制度环境均与企业绩效显著正相关；此外，企业的上一年绩效与当年绩效之间的正相关性很强（$p<0.01$），这与 Wang & Qian（2011）所汇报相关系数表中显示的结果相一致，事实上企业相邻两年的绩效水平强相关也是合乎常理的。然而，由于变量相关系数的大小和显著性受到样本大小、极端值处理、抽样误差等多种因素的影响，两个变量之间相关并不一定意味着两者是因果关系或其他函数关系，而仅仅能够从表面上说明两者之间的初步关系，其综合影响还须后续进行假设检验的系统分析。

表 5.2 本章研究变量的相关系数矩阵

变 量	1	2	3	4	5	6	7	8	9
FP	—								
SIZE	0.005	—							
AGE	−0.203**	0.321**	—						
AD	0.151**	−0.194**	−0.074**	—					
MI	0.127**	0.009	−0.227**	−0.030*	—				
PAST	0.621**	0.003	−0.345**	0.071**	0.163**	—			
GIV	0.145**	−0.195**	−0.195**	−0.083**	0.023	0.186**	—		
DIR	0.060**	−0.148**	0.110**	−0.012	−0.018	0.028	−0.026	—	
TAR	0.384**	0.163**	−0.016	0.313**	−0.070**	0.460**	0.128**	−0.088**	—
SUR	0.033*	0.099**	−0.033*	−0.136**	0.013	0.073**	−0.001	−0.102**	0.008

注：$N = 4\,440$；** 相关系数在 0.01 的水平上显著，* 相关系数在 0.05 的水平上显著；双尾检验。

此外,从表 5.2 中还可以看出各解释变量之间的相关性,分析结果显示,解释变量之间的相关系数最小为 0.001(绝对值),最大为 0.460,部分变量之间的关系在 0.05 的水平上达到显著。一般认为,如果解释变量间的相关系数高于 0.70 就可能出现严重的共线性问题(张建君,2013),但观察可知,本章各解释变量之间相关系数的绝对值远低于经典文献中0.70 的多重共线性阈值,就这一点而言,可以初步判断变量之间并不存在严重共线性。关于自变量与控制变量之间的共线性问题,后续回归分析中还进行了更为严格的方差膨胀因子(VIF)诊断,结果发现,除了逆米尔斯比率 λ 的 VIF 值最大,等于 7.374 之外,本章其余各解释变量的 VIF值均在 3 以下,远小于 10 的临界值,因而可以判断模型整体上并不存在严重的多重共线性,不会对后续的回归分析结果造成影响。企业低层次社会责任状况调节慈善捐赠效果的回归方程中各解释变量的 VIF 值详见表 5.3 中详细报告的结果。

表 5.3　企业低层次社会责任调节慈善捐赠效果的回归方程中主要研究变量的 VIF 值

变　量	VIF	变　量	VIF
SIZE	2.592	λ	7.374
AGE	1.691	*GIV*	1.142
AD	1.510	*DIR*	1.075
MI	1.152	*TAR*	1.657
PAST	1.577	*SUR*	1.042

第二节　回归结果及分析

一、Heckman 第一阶段 Probit 模型

本书运用近期慈善捐赠经济后果相关研究的主流方法,即 Heckman两阶段分析法(two-stage Heckman selection model),首先基于全样本,以捐赠可能性(*IFGIV*)为被解释变量,以企业规模(*SIZE*)、企业年龄

（AGE）、广告强度（AD）、制度环境（MI）、冗余资源（SLACK）、行业捐赠（INGIV）和行业增长（INGRO）等作为解释变量，同时控制了行业和年度，分析企业是否参与慈善捐赠的选择性问题。

表 5.4 为 Heckman 第一阶段的 Probit 回归结果，因变量为二元哑变量 IFGIV，代表企业是否参与慈善捐赠。结果显示，企业规模越大、上市时间越长、所处区域市场化进程越快，捐赠的可能性越大，而且广告强度的提升、冗余资源的丰富以及行业销售的增长也均会使企业参与慈善捐赠的概率更高，行业捐赠对企业捐赠可能性的影响虽与预期方向相同但并未达到显著。与前文所述基本一致的是，规模越大、上市年限越长、所处区域市场化进程越快的企业，越容易受到更多来自媒体或公众的关注和监督，出于压力其捐赠的可能性更大（Seifert et al.，2004；Wang & Qian，2011）；广告强度反映的是企业投资于广告等营销活动的意愿和努力，重视营销的企业致力于通过品牌形象建设提高竞争优势，所以越重视营销的企业越可能捐赠（张建君，2013）；企业的冗余资源越多、企业所处行业增长越快，一定程度上意味着该企业拥有更加充裕的资源来参与捐赠活动（Du et al.，2014；Wang et al.，2008）。接下来，依据该阶段的回归结果计算得出逆米尔斯比率（inverse Mills ratio，λ），作为控制变量引入下一阶段的回归模型中，用于控制潜在的样本选择性偏差。

表 5.4　捐赠可能性的影响因素（Heckman 第一阶段回归结果）

因变量＝IFGIV			
Constant	−2.528*** (0.248)	MI	0.012* (0.007)
SIZE	0.126*** (0.011)	SLACK	0.020*** (0.005)
AGE	0.049*** (0.019)	INGIV	0.725(1.084)
AD	1.079*** (0.202)	INGRO	0.658*** (0.117)
IND	Controlled	YEAR	Controlled
McFadden R^2	0.064	Log likelihood	−6 236.353
LR Statistics	853.282***	N	9941

注：括号中数据为标准误（S.E.）；*、**、*** 分别代表在 0.1、0.05 和 0.01 水平上显著，双尾检验。

二、Heckman 第二阶段回归模型

通过上述 Heckman 第一阶段 Probit 模型，本研究得到企业参与慈善捐赠的可能性，从 Probit 估计式中计算得出逆米尔斯比率（inverse Mills ratio，λ），作为企业低层次社会责任状况调节慈善捐赠效果回归方程中的修正参数。Heckman 第二阶段是以企业绩效（FP）为因变量，相对捐赠水平（GIV）为关键自变量，低层次社会责任的三个代理变量股息支付率（DIR）、资产纳税率（TAR）和应付账款周转率（SUR）分别设定为调节变量，利用逐层回归分析的方法对相应研究假设进行验证，表5.5 报告了实证检验的回归结果。从表中可以看到，各模型中 λ 均通过了显著性检验（$p < 0.01$），说明本章控制样本选择性偏差是适宜且必要的。

本研究遵循 Aiken & West(1991)的调节性回归分析法，分多步进行逐层回归，共形成了 6 个回归模型。模型 1 作为基准模型，首先控制了企业规模（$SIZE$）、企业年龄（AGE）、广告强度（AD）、制度环境（MI）、上一年绩效（$PAST$）等解释变量对企业绩效（FP）的影响。数据显示，基准模型的 R^2 等于 0.409 7，可见本章所选用的控制变量对企业绩效已具有一定的解释力，除企业年龄（AGE）和制度环境（MI）对企业绩效（FP）的影响并未达到显著之外，企业规模（$SIZE$）、广告强度（AD）、上一年绩效（$PAST$）等控制变量回归系数的方向和显著性都与预期保持一致，其中企业规模（$SIZE$）对企业绩效（FP）的影响显著为负，因为一般情况下大企业机构庞大、管理层级多，管理成本增加的同时很可能带来管理组织官僚化等问题，导致决策和控制信息失真，对企业绩效产生负面影响；广告强度（AD）对企业绩效（FP）的影响显著为正，说明广告等营销活动的确是驱动企业绩效增长的强劲因素，这与 Kim & Joo(2013)及冯仁涛等(2013)研究表述相符，如冯仁涛等(2013)研究表明，广告营销可以提高品牌知名度和产品差异化，具有创造竞争优势的作用，从而会对企业绩效产生显著的正向影响；企业绩效（FP）显然还受到了上一年绩效（$PAST$）的显著正向影响，上一年的业绩状况越好，当年的企业绩效水平也越高。

表 5.5 企业低层次社会责任履行状况对慈善捐赠效果的影响（Heckman 第二阶段回归结果）

变 量		模型 1	模型 2	模型 3	模型 4	模型 5	模型 6
		因变量＝经行业调整后的 ROA					
Constant		6.992***(2.614)	7.427***(3.006)	7.073***(3.039)	6.994***(2.926)	7.125***(2.925)	7.165***(2.938)
控制变量							
	$SIZE$	−0.239***(0.071)	−0.324***(0.089)	−0.307***(0.092)	−0.308***(0.088)	−0.310***(0.088)	−0.311***(0.087)
	AGE	0.114(0.173)	−0.006(0.176)	0.011(0.182)	0.029(0.170)	0.028(0.164)	0.025 6(0.167)
	AD	7.826***(1.384)	4.138***(1.579)	4.020***(1.511)	4.106***(1.533)	3.995***(1.525)	3.986***(1.532)
	MI	0.027(0.059)	0.065(0.060)	0.065(0.059)	0.065(0.059)	0.066(0.059)	0.066(0.059)
	$PAST$	0.548***(0.025)	0.488***(0.025)	0.485***(0.025)	0.485***(0.025)	0.482***(0.022)	0.482***(0.022)
	λ	−4.707***(1.011)	−4.607***(1.019)	−4.743***(1.058)	−4.665***(1.016)	−4.717***(1.010)	−4.721***(1.012)
	$YEAR$	Controlled	Controlled	Controlled	Controlled	Controlled	Controlled
调节变量							
	DIR		0.042*(0.025)	0.042*(0.025)	0.043*(0.021)	0.042*(0.021)	0.041*(0.021)
	TAR		0.256***(0.026)	0.250***(0.026)	0.247***(0.028)	0.239***(0.034)	0.239***(0.033)
	SUR		0.003(0.002)	0.003(0.002)	0.003*(0.001)	0.003*(0.002)	0.002(0.001)

续　表

因变量=经行业调整后的 ROA

变　量		模型 1	模型 2	模型 3	模型 4	模型 5	模型 6
自变量							
GIV				1.536*(0.813)	1.730**(0.784)	1.193(0.845)	1.218(0.858)
交互项							
$GIV \times DIR$					0.214***(0.066)	0.181***(0.070)	0.192***(0.068)
$GIV \times TAR$						0.346**(0.145)	0.345**(0.145)
$GIV \times SUR$							0.069***(0.013)
N		4 440	4 440	4 440	4 440	4 440	4 440
F 值		341.654***	268.238***	248.539***	231.640***	217.022***	203.814***
R^2		0.409 7	0.421 0	0.422 0	0.422 9	0.423 9	0.424 4
Adjusted R^2		0.408 5	0.419 4	0.420 3	0.421 1	0.422 0	0.422 3

注:括号中数据为标准误差(S.E.);*、**、***分别代表在 0.1、0.05 和 0.01 水平上显著,双尾检验;由于绩效测量时已通过行业中值调整对行业差异加以控制,本书未额外设置行业虚拟变量;表中基本按年按保留小数点后三位的原则报告数据,R^2 出于对比更加清晰的需要则精确到小数点后四位。

模型 2 中加入了股息支付率（DIR）、资产纳税率（TAR）和应付账款周转率（SUR）全部 3 个调节变量，结果显示股息支付率（DIR）对企业绩效（FP）的正向影响达到边缘显著（$p<0.1$），一定程度上说明企业履行基本经济责任的状况越好，企业的绩效水平越高；资产纳税率（TAR）对企业绩效（FP）的影响显著为正（$p<0.01$），说明企业积极履行法律责任亦将大大有利于企业绩效的提升；应付账款周转率（SUR）对企业绩效（FP）的影响方向为正但未能达到显著。进一步地，模型 3 在模型 2 的基础上引入了自变量慈善捐赠水平（GIV）以检验慈善捐赠对企业绩效的整体影响，模型 3 的结果显示，根据方程（1），慈善捐赠（GIV）对因变量企业绩效（FP）的回归系数 $\beta_6=1.536$，并在 0.1 的水平上达到边缘显著，一定程度度上支持了本研究的主效应假设 H1，企业履行慈善责任有助于企业绩效的提升，慈善捐赠水平越高，企业绩效越好。

模型 4～模型 6 在模型 3 的基础上继续依次添加自变量慈善捐赠水平（GIV）与 3 个调节变量股息支付率（DIR）、资产纳税率（TAR）、应付账款周转率（SUR）之间的两两交互项以检验调节效应，Wang & Qian（2011）在进行慈善捐赠与企业绩效关系的情境变量调节效应实证研究时也采用了类似的做法。从以上模型中可以看出，各模型的结果之间稳定性较高，而且自变量、调节变量及其相应交互项的进入均显著改善了基准模型的解释力。接下来本书主要基于全模型，即模型 6 的结果进行报告。假设 H2a、H2b 和 H2c 分别推断企业履行三类较低层次社会责任（经济责任、法律责任和道德责任）的状况会对慈善捐赠与财务绩效之间的关系产生调节作用。从回归结果来看，首先，慈善捐赠水平（GIV）与股息支付率（DIR）的交互项 GIV×DIR 对因变量企业绩效（FP）的回归系数 β_{10} 等于 0.192，并在 0.01 的水平上达到显著，表明股息支付率对慈善捐赠与企业绩效之间的关系具有调节作用，股息支付水平越高，慈善捐赠对企业绩效的正向影响越强，假设 H2a 得到非常充分的支持；其次，慈善捐赠水平（GIV）与资产纳税率（TAR）的交互项 GIV×TAR 对因变量企业绩效（FP）的回归系数 β_{11} 等于 0.345，并在 0.05 的水平上达到显著，表明资产纳税率对慈善捐赠与企业绩效之间的关系具有调节作用，依法纳税水平越高，慈善捐赠对企业绩效的正向影响越强，假设 H2b 亦得到了较充分的支持；最后，慈善捐赠水平（GIV）与应付账款周转率（SUR）的交互项

$GIV \times SUR$ 对因变量企业绩效（FP）的回归系数 β_{12} 等于 0.069，并在 0.01 的水平上达到显著，表明慈善捐赠与企业绩效之间的关系受到应付账款周转率的调节，企业支付供应商货款及时性水平越高，慈善捐赠对企业绩效的正向影响越强，假设 H2c 也得到了非常充分的支持。

为了更加直观、形象地刻画出企业履行经济责任、法律责任和道德责任这三类较低层次社会责任的状况具体如何调节慈善捐赠与企业绩效之间的关系，本章依据 Aiken & West（1991）的方法绘制了股息支付率（DIR）、资产纳税率（TAR）和应付账款周转率（SUR）变量的调节效应交互图，如图 5.1～图 5.3 所示。图 5.1 展示了因变量度量为 ROA（经行业调整后）的模型中企业履行经济责任的状况对慈善捐赠效果的调节作用，从图中可以看出，在不同的股息支付水平下，慈善捐赠对企业绩效的影响存在显著的差异，当股息支付水平较高时，慈善捐赠对企业绩效的正向影响更强，表现为直线的斜率更加陡峭，支持了 H2a 的假设。图 5.2 展示了因变量度量为 ROA（经行业调整后）的模型中企业履行法律责任的状况对慈善捐赠效果的调节作用，从图中可以看出，不同的依法纳税水平下，慈善捐赠对企业绩效的影响也存在显著的差异，在较高依法纳税水平下，慈善捐赠对企业绩效影响为正，而在较低依法纳税水平下，慈善捐赠对企业绩效正向影响则不明显，支持了 H2b 的假设。图 5.3 展示了因变量度量为 ROA（经行业调整后）的模型中企业履行道德责任的状况对慈善捐赠效果的调节作用，从图中可以看出，企业支付供应商货款的及时性水平不同，慈善捐赠对企业绩效的影响也存在明显的差异，支付供应商货款及时性水平越低，慈善捐赠对企业绩效的正向影响就越弱，表现为直线的斜率为渐趋平缓，因而假设 H2c 也得到了支持。

以上结论说明，企业履行其他较低层次社会责任行为的状况将影响到利益相关者对企业从事慈善捐赠的动机认知，如果企业履行经济责任、法律责任或道德责任的表现与慈善捐赠行为的一致性程度高，则企业从事慈善捐赠将被利益相关者认为是"真善"，在此情景下，慈善捐赠将正向影响企业绩效；反之，如果企业在履行社会责任时出现前后不一致的表现，一方面连为股东创造价值、向政府依法纳税、尊重供应商等这些较低层次的社会责任都无法做到，另一方面却大肆投入财力物力从事慈善捐赠，则会导致利益相关者将慈善捐赠视为企业的一种"伪善"行为，在此情景下,慈善捐赠对企业绩效的正向影响将受到削弱,损害其战略效果。实证结果均验证了本书之前所提出的假设。

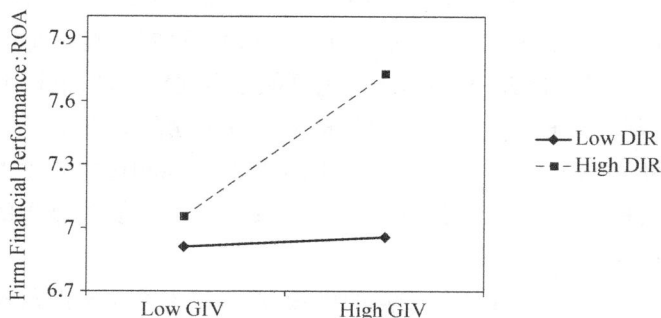

图5.1 慈善捐赠与企业绩效:股息支付水平的调节作用

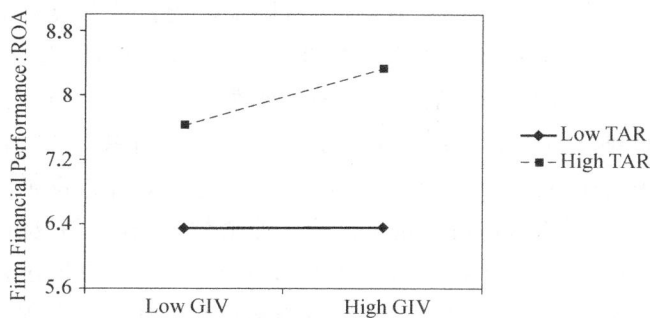

图5.2 慈善捐赠与企业绩效:依法纳税水平的调节作用

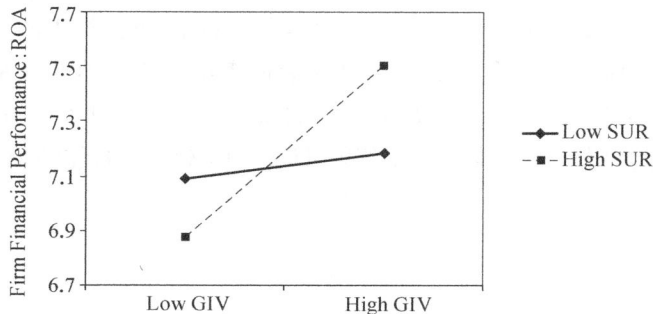

图5.3 慈善捐赠与企业绩效:支付供应商货款及时性水平的调节作用

三、稳健性检验

为了考察本章研究结果的可靠性,从以下几个方面进行稳健性检验。首先,财务杠杆率超过100%的企业几乎在依靠负债经营,资金链一旦断裂企业破产的可能性大,其经营表现很可能会出现异常,影响模型估计的结果。鉴于此,本研究对资不抵债的样本进行了剔除后重新运行实证模型,观测值随之减少到4 164个,而回归结果与之前相比并未发生任何实质性改变,进一步支持了假设H1、H2a、H2b和H2c。具体结果的详细报告如表5.6所示。

其次,本研究更换了重要变量的度量方法,以捐赠支出占营业收入的比例(百分数形式)来重新定义自变量相对捐赠水平,并采用投资回报率,即净利润与平均投资额的比值来衡量因变量企业绩效,同时设置行业虚拟变量 IND 用以控制不同行业(基于我国证监会行业分类标准的一级分类进行划分)对企业绩效的影响,按此重新回归后的结果也与表5.5基本保持了一致,同样较好地展现了之前实证模型及分析结果的稳健性,具体结果的详细报告如表5.7所示。另外,本书以支付供应商货款的及时性水平代表企业道德责任的履行状况,而员工作为企业内部最重要的利益相关者,企业是否善待员工也是体现企业道德责任履行状况的重要标志。鉴于此,本研究采用善待员工水平(EMP)对假设 H2c 进行稳健性分析。参照高勇强等(2012)的研究,薪酬和福利待遇能够在很大程度上反映出一个企业是否善待员工。由于该变量关注的是企业如何对待普通员工,所以测量时首先从企业支付给职工以及为职工支付的现金总额中扣除了高管的薪酬福利部分,之后再除以员工数量,得出员工的平均薪酬福利,为避免高度正向偏态分布取其对数值表示。该稳健性检验的回归结果显示,交互项 GIV×EMP 对 FP 的回归系数值为0.888,在0.05的水平上达到显著,进一步支持了假设 H2c。具体结果的详细报告如5.8所示。

表 5.6 企业低层次社会责任履行状况对慈善捐赠效果的影响（稳健性检验：剔除资不抵债的样本）

变 量	模型 1	模型 2	模型 3	模型 4	模型 5	模型 6
			因变量=经行业调整后的 ROA			
$Constant$	5.600***(2.337)	5.392**(2.370)	5.158**(2.371)	5.063**(2.370)	5.150**(2.369)	5.191**(2.368)
控制变量						
$SIZE$	-0.155*(0.081)	-0.181**(0.083)	-0.170**(0.083)	-0.171**(0.083)	-0.172**(0.083)	-0.173**(0.083)
AGE	0.060(0.120)	-0.020(0.121)	-0.007(0.121)	0.009(0.121)	0.008(0.121)	0.005(0.121)
AD	6.636***(1.151)	4.972***(1.229)	4.882***(1.229)	4.972***(1.228)	4.894***(1.228)	4.874***(1.228)
MI	0.040(0.035)	0.058(0.035)	0.058(0.035)	0.058(0.035)	0.058(0.035)	0.058*(0.035)
$PAST$	0.664***(0.011)	0.628***(0.013)	0.625***(0.013)	0.624***(0.013)	0.621***(0.014)	0.621***(0.014)
λ	-5.724***(0.930)	-5.574***(0.929)	-5.665***(0.929)	-5.580***(0.929)	-5.621***(0.929)	-5.620***(0.928)
$YEAR$	Controlled	Controlled	Controlled	Controlled	Controlled	Controlled
调节变量						
DIR		0.035***(0.010)	0.035***(0.010)	0.037***(0.010)	0.036***(0.010)	0.036***(0.010)
TAR		0.128***(0.027)	0.125***(0.027)	0.122***(0.027)	0.118***(0.027)	0.119***(0.027)
SUR		0.002(0.005)	0.002(0.005)	0.002(0.005)	0.002(0.005)	0.001(0.006)

续 表

因变量=经行业调整后的 ROA

变 量	模型 1	模型 2	模型 3	模型 4	模型 5	模型 6
自变量						
GIV			1.102** (0.511)	1.277** (0.514)	0.928* (0.541)	0.937* (0.541)
交互项						
$GIV\times DIR$				0.205*** (0.072)	0.183** (0.072)	0.198*** (0.073)
$GIV\times TAR$					0.182** (0.088)	0.175** (0.088)
$GIV\times SUR$						0.050*** (0.023)
N	4 164	4 164	4 164	4 164	4 164	4 164
F 值	341.654***	268.238***	327.774***	305.480***	285.618***	268.307***
R^2	0.409 7	0.506 1	0.506 6	0.507 6	0.508 1	0.508 6
Adjusted R^2	0.408 5	0.504 6	0.505 1	0.505 9	0.506 3	0.506 7

注：括号中数据为标准误差（S.E.）；*、**、*** 分别代表在 0.1、0.05 和 0.01 水平上显著，双尾检验；由于绩效测量时已通过行业中值调整对行业差异加以控制，本书并未额外设置行业虚拟变量；表中基本按保留小数点后三位的原则报告数据，R^2 出于对比更加清晰的需要则精确到小数点后四位。

表 5.7 企业低层次社会责任履行状况对慈善捐赠效果的影响(稳健性检验:更换重要变量的度量方法 1)

变 量	模型 1	模型 2	模型 3	模型 4	模型 5	模型 6
	因变量=投资回报率(净利润与平均投资额的比值)					
Constant	19.0945***(3.857)	19.195***(3.775)	17.783***(3.784)	18.183***(3.787)	18.335***(3.784)	18.393***(3.783)
控制变量						
SIZE	−0.523***(0.125)	−0.619***(0.122)	−0.556***(0.123)	−0.570***(0.123)	−0.576***(0.123)	−0.576***(0.123)
AGE	−0.483***(0.168)	−0.673***(0.163)	−0.659***(0.163)	−0.653***(0.163)	−0.642***(0.163)	−0.644***(0.162)
AD	15.171***(1.572)	6.269***(1.606)	5.716***(1.609)	5.771***(1.608)	5.555***(1.609)	5.500***(1.608)
MI	0.101***(0.045)	0.156***(0.045)	0.157***(0.044)	0.157***(0.044)	0.158***(0.044)	0.158***(0.044)
PAST	0.281***(0.007)	0.227***(0.007)	0.225***(0.007)	0.225***(0.007)	0.224***(0.007)	0.224***(0.007)
λ	−7.773***(1.598)	−6.876***(1.550)	−7.034***(1.547)	−7.035***(1.547)	−7.080***(1.545)	−7.137***(1.545)
IND	Controlled	Controlled	Controlled	Controlled	Controlled	Controlled
YEAR	Controlled	Controlled	Controlled	Controlled	Controlled	Controlled
调节变量						
DIR		0.035***(0.012)	0.035***(0.012)	0.037***(0.013)	0.036***(0.013)	0.036***(0.013)

续 表

因变量=投资回报率(净利润与平均投资额的比值)

变 量	模型 1	模型 2	模型 3	模型 4	模型 5	模型 6
TAR		0.558***(0.031)	0.558***(0.031)	0.557***(0.031)	0.553***(0.031)	0.552***(0.031)
SUR		−0.011(0.007)	−0.010(0.007)	−0.011(0.007)	−0.011(0.007)	−0.010(0.007)
自变量						
GIV			3.553***(0.883)	3.405***(0.885)	3.279***(0.886)	3.499***(0.892)
交互项						
GIV×DIR				0.241**(0.108)	0.244**(0.108)	0.256**(0.108)
GIV×TAR					0.651***(0.226)	0.649***(0.226)
GIV×SUR						0.144**(0.069)
F 值	122.348***	128.512***	124.450***	119.967***	116.022***	268.307***
R^2	0.371 7	0.415 4	0.417 6	0.418 3	0.419 4	0.420 0
Adjusted R^2	0.368 7	0.412 2	0.414 2	0.414 8	0.415 8	0.416 2

注:括号中数据为标准误差(S.E.);*,**,***分别代表在 0.1,0.05 和 0.01 水平上显著,双尾检验;表中基本按保留小数点后三位的原则报告数据,R^2 出于对比更加清晰的需要则精确到小数点后四位。

表 5.8 企业低层次社会责任履行状况对慈善捐赠效果的影响(稳健性检验：更换重要变量的度量方法 2)

变量	因变量=投资回报率(净利润与平均投资额的比值)					
	模型 1	模型 2	模型 3	模型 4	模型 5	模型 6
Constant	12.875**(5.622 3)	12.497**(5.277)	11.669**(5.637)	11.723**(5.608)	11.731**(5.658)	11.733**(5.640)
控制变量						
SIZE	−0.343*(0.198)	−0.385*(0.197)	−0.348(0.215)	−0.351(0.214)	−0.349(0.217)	−0.349(0.217)
AGE	−0.029(0.087)	−0.115(0.089)	−0.104(0.089)	−0.100(0.082)	−0.066(0.051)	−0.061(0.051)
AD	8.501***(2.944)	5.698**(2.922)	5.364**(2.682)	5.401**(2.689)	5.372**(2.719)	5.361**(2.733)
MI	0.019(0.053)	0.046(0.052)	0.047(0.052)	0.046(0.052)	0.0470(0.052)	0.046(0.052)
PAST	0.703***(0.007)	0.652***(0.007)	0.649***(0.008)	0.649***(0.008)	0.647***(0.008)	0.647***(0.008)
λ	−8.025***(1.610)	−7.465***(1.566)	−7.575***(1.433)	−7.538***(1.463)	−7.496***(1.596)	−7.460***(1.601)
IND	Controlled	Controlled	Controlled	Controlled	Controlled	Controlled
YEAR	Controlled	Controlled	Controlled	Controlled	Controlled	Controlled
调节变量						
DIR		0.018(0.016)	0.016(0.015)	0.012(0.013)	0.011(0.013)	0.011(0.013)

续表

因变量=投资回报率(净利润与平均投资额的比值)

变量	模型 1	模型 2	模型 3	模型 4	模型 5	模型 6
TAR		0.221***(0.013)	0.221***(0.014)	0.220***(0.014)	0.212***(0.013)	0.212***(0.013)
EMP		0.072(0.067)	0.067(0.068)	0.078(0.071)	0.053(0.079)	0.045(0.100)
自变量						
GIV			2.263*(1.182)	2.207*(1.134)	1.980*(1.116)	2.056*(1.097)
交互项						
GIV×DIR				0.075***(0.017)	0.068***(0.023)	0.069***(0.021)
GIV×TAR					0.314***(0.073)	0.306***(0.068)
GIV×EMP						0.888**(0.423)
F 值	206.986***	185.381***	178.523***	171.866***	166.760***	160.838***
R^2	0.501 7	0.507 7	0.508 6	0.508 9	0.510 9	0.511 0
Adjusted R^2	0.499 3	0.505 0	0.505 7	0.506 0	0.507 8	0.507 8

注:括号中数据为标准误差(S.E.);*、**、*** 分别代表在 0.1、0.05 和 0.01 水平上显著,双尾检验;表中基本按保留小数点后三位的原则报告数据,R^2 出于对比更加清晰的需要则精确到小数点后四位。

再次,借鉴卢正文、刘春林(2012)的做法,用捐赠行为发生随后两年 ROA(经行业调整后)的均值来评估捐赠的财务效应,两年的时间能够充分反映慈善捐赠的影响,同时也不会因为时间太滞后而损害变量测量的准确性。同样地,重新运行模型后所得结果与先前相比并不存在实质性差异[①],全模型中 GIV 对因变量 FP 的回归系数 $\beta_6 = 0.609$,并在 0.05 的水平上达到显著,说明企业从事慈善捐赠有利于企业绩效的提升,慈善捐赠水平越高,企业绩效越好,支持了主效应假设 H1;交互项 $GIV \times DIR$ 对 FP 的回归系数 β_{10} 等于 0.096,并在 0.05 的水平上达到显著,表明股息支付率对慈善捐赠与企业绩效之间的关系具有调节作用,股息支付水平越高,慈善捐赠对企业绩效的正向影响越强,支持了假设 H2a;交互项 $GIV \times TAR$ 对 FP 的回归系数 β_{11} 等于 0.172,并在 0.01 的水平上达到显著,表明资产纳税率对慈善捐赠与企业绩效之间的关系具有调节作用,依法纳税水平越高,慈善捐赠对企业绩效的正向影响越强,支持了假设 H2b;交互项 $GIV \times SUR$ 对 FP 的回归系数 β_{12} 等于 0.034,在 0.1 的水平上达到边缘显著,一定程度上支持了假设 H2c,慈善捐赠与企业绩效之间的关系受到应付账款周转率的调节,企业支付供应商货款及时性水平越高,慈善捐赠对企业绩效的正向影响越强。综合上述检验结果,可见本章所得出的研究结论具有较高的稳健性和可靠性。

第三节 本章小结

本章运用 Heckman 两阶段分析法检验了企业履行低层次社会责任状况对于企业慈善捐赠与企业绩效之间关系的调节效应。实证检验结果表明,企业在履行低层次社会责任方面的表现对企业慈善捐赠活动与企业绩效之间的关系有显著的调节作用。具体而言,若企业履行低层次社会责任表现良好,即与企业慈善捐赠行为一致性程度高,则慈善捐赠提升企业绩效的效果更加明显;反之,如果企业未能很好地履行其低层次社会责任,却大肆进行慈善捐赠行为,低层次社会责任与慈善捐赠行为之间的

---

① 此处未对该稳健性检验的具体结果做列表详细报告。

一致性程度低，则慈善捐赠活动会被利益相关者解读为"伪善"，慈善捐赠行为提升企业绩效的战略效果会被削弱，甚至可能产生逆火效应。

本章的主要结论归结如下：第一，企业履行慈善责任有助于企业绩效的提升，慈善捐赠水平越高，企业绩效越好；第二，股息支付率对慈善捐赠与企业绩效之间的关系具有显著的正向调节作用，股息支付水平越高，慈善捐赠对企业绩效的正向影响越强，反之则反是，表明企业经济责任的履行状况会调节企业慈善捐赠提升绩效的战略效果；第三，资产纳税率对慈善捐赠与企业绩效之间的关系亦产生显著的正向调节，依法纳税水平越高，慈善捐赠对企业绩效的正向影响越强，反之则反是，意味着企业法律责任的履行状况会调节慈善捐赠提升绩效的战略效果；第四，慈善捐赠与企业绩效之间的关系还受到应付账款周转率的显著调节，企业支付供应商货款及时性水平越高，慈善捐赠对企业绩效的正向影响越强，反之则反是，表明企业道德责任履行状况良好，则慈善捐赠促进企业绩效提升的效果会更加明显，否则会被削弱；第五，为了测试研究结果的可靠性，本章通过样本进一步筛选、重要变量度量方法更换等方法，对实证结果进行稳健性检验，发现实证结果基本保持一致，可靠性较高。

第六章 长期价值导向表现的调节效应检验

本章主要从企业的机构持股比例和研发投入水平这两个角度切入，实证检验公司层面的长期价值导向表现如何调节慈善捐赠与企业绩效之间的关系。承袭前一章论述的结构，第一节报告了本章研究变量的描述性统计和相关性分析结果。第二节报告了 Heckman 两阶段的回归结果以及稳健性检验的结果并进行分析。第三节是本章小结。

第一节 描述性统计及相关分析

一、变量描述性统计

表 6.1 列示了模型(2)所涉及主要变量的描述性统计结果，包括各变量的均值、标准差、最大值和最小值的描述，从中可以判断相关研究变量的大致分布情况。观察可知，本章研究因变量 *FP* 的均值为0.190，标准差为6.387，最小值和最大值分别为－23.976 和40.661，说明经过行业调整处理后的不同公司业绩差异仍然较大。自变量 *GIV*的均值为 0.034，表明企业慈善捐赠平均占企业总资产的比例达0.034%(相对捐赠水平是以百分数形式表示)；标准差为0.050，最小值和最大值分别为 1.35E-04 和0.197，说明不同企业之间参与慈善捐赠的程度存在着较大差别。就调节变量而言，一方面，*INST* 的均值为33.932，表明上市公司年末全部机构投资者持股数平均约占流通股数的 33.93%(机构持股比例变量计算时最终数据是以百分数形式表示的)，*INST* 的标准差为23.508，最大值87.347，而最小值只有0.379，可见不同企业之间的股息支付率差别较大；另一方面，*RD* 的均值等于

1.834,表明企业研发支出平均约占同时期年末总资产的 1.83%(研发投入变量计算时最终数据以百分数形式表示),RD 的最小值和最大值分别为 1.62E-04 和 40.566,标准差为 4.304,说明不同的企业内部研发投入水平的差距较为明显。

此外,控制变量中,$SIZE$ 的最大值等于 25.311,最小值等于 17.222,标准差为 1.325,说明不同企业之间规模相差较大。AGE 变量的最小值为 0 表示有的企业在该观测当年才上市,平均值和标准差分别等于 1.930 和 0.737。AD 的均值为 0.068,说明销售支出占营业收入的比重平均达到了 6.8%,标准差为 0.074,最小值和最大值分别是 0.001 和 0.408,可见我国企业普遍都较为重视广告营销。MI 的均值为 9.962,标准差为 2.164,最小值为 5.230,最大值为 12.812,这表明所有样本企业制度环境的平均得分在 9.962 左右,而在我国市场化改革过程中不同企业所处的区域制度环境差距仍然相差很大。$PAST$ 的均值为 0.163,标准差为 6.670,最小值和最大值分别为 −23.897 和 39.893,观察发现上一年绩效变量与因变量企业绩效的描述性统计结果相差不大,具有一致性,事实上企业相邻两年的绩效水平强通常是相关的。总体而言,本章企业长期价值导向调节企业慈善捐赠效果的实证研究中所用样本的相关变量描述性统计结果与上一章无实质性差异,相关数据的特点是相类似的,符合研究的一贯性与可比性。本章主要研究变量的描述性统计,如表 6.1 所示。

表 6.1 本章主要研究变量的描述性统计

变 量	均 值	标准差	最小值	最大值
FP	0.190	6.387	−23.976	40.661
$SIZE$	21.075	1.325	17.222	25.311
AGE	1.930	0.737	0.000	3.045
AD	0.068	0.074	0.001	0.408
MI	9.962	2.164	5.230	12.812
$PAST$	0.163	6.670	−23.897	39.893
SHC	0.611	0.161	0.205	0.983
GIV	0.034	0.050	1.35E−04	0.197

变　量	均　值	标准差	最小值	最大值
INST	33.932	23.508	0.379	87.347
RD	1.834	4.304	1.62E-04	40.566

注：为避免异常值的影响，本章亦对主要连续变量在1％和99％的水平上进行了 Winsorize 调整。

二、变量相关性分析

本章在进行假设检验之前，首先对第四章所构建的回归方程（2）中涉及的主要变量进行相关性分析，具体结果如表 6.2 所示。从主要研究变量的相关系数结果可以看出，慈善捐赠（GIV）与企业绩效（FP）显著正相关，相关系数为 0.084（$p<0.01$），说明企业慈善捐赠行为对企业绩效有显著的正向影响，主效应假设 H1 得到初步经验证据的支持。调节变量方面，机构持股（INST）与企业绩效（FP）显著正相关，相关系数为 0.267（$p<0.01$），而研发投入（RD）与企业绩效（FP）之间没有显著的相关关系。同时，本研究还发现回归方程（2）中所设置的全部控制变量与企业绩效之间均呈现出了较显著的依存关系，表明就分析慈善捐赠对企业绩效的影响而言，本部分选择的控制变量都较为合适。其中，AGE 与 FP 之间的相关系数等于 −0.053（$p<0.05$），说明上市时间与企业绩效显著负相关；AD、MI、SHC 与 FP 之间的相关系数分别等于 0.194（$p<0.01$），0.052（$p<0.05$）和 0.158（$p<0.01$），说明广告强度、企业所处地区的制度环境以及股权集中度均与企业绩效呈显著正相关；企业的上一年绩效与当年绩效之间的正相关性很强（$p<0.01$），这些都与本研究预期相一致。SIZE 与 FP 之间的相关系数为 0.073（$p<0.01$），方向与预期相反，可能是因为规模较大的企业拥有的资源更加丰富，且可以享受规模经济或范围经济所带来的好处。然而，由于变量相关系数的大小和显著性受到样本大小、极端值处理、抽样误差等多种因素的影响，两个变量之间相关并不一定意味着两者是因果关系或其他函数关系，而仅仅能够从表面上说明两者之间的初步关系，其综合影响有待后续展开相应假设检验的系统分析。

表 6.2 本章主要研究变量的相关系数矩阵

变量	1	2	3	4	5	6	7	8	9
FP	—								
SIZE	0.073**	—							
AGE	−0.053*	0.405**	—						
AD	0.194**	−0.223**	−0.079**	—					
MI	0.052*	−0.055*	−0.242**	−0.031	—				
PAST	0.650**	0.103**	−0.180**	0.072**	0.114**	—			
SHC	0.158**	−0.038	−0.565**	0.020	0.173**	0.264**	—		
GIV	0.084**	−0.186**	−0.068**	0.104**	−0.006	0.043	0.028	—	
INST	0.267**	0.404**	0.324**	0.018	−0.060*	0.209**	0.096**	−0.062*	—
RD	0.044	−0.168**	−0.087**	0.025	0.042	0.036	0.053*	0.212**	−0.055*

注:$N=1\,845$[①];** 相关系数在 0.01 的水平上显著;* 相关系数在 0.05 的水平上显著;双尾检验。

—————————

① 企业研发投入数据是在上市公司年报挖掘时同慈善捐赠收据一起收集整理得到的,由于实际这一变量的缺失值较多(只有部分企业披露了研发投入数据),因此与上一章相比,本章实证研究的观测值数量有所减少,为 1 845 个。

从表 6.2 中可以看到各解释变量之间的相关性,分析结果显示,解释变量之间的相关系数最小为 0.006(绝对值),最大为 0.565(绝对值),部分变量之间的关系在 0.05 或 0.01 的水平上显著。一般认为,如果解释变量间的相关系数高于 0.70 就可能出现严重的共线性(张建君,2013),但观察可知,本章各解释变量之间相关系数的绝对值都低于经典文献中 0.70 的多重共线性阈值,就这一点而言,可以初步判断共线性不严重。对于自变量与控制变量之间的共线性问题,后续回归分析中所采取的方差膨胀因子(VIF)诊断结果表明,方差膨胀因子的均值等于 2.094,其中,属逆米尔斯比率 λ 的 VIF 值最大,等于 6.177,而其余各解释变量的 VIF 值都在 3 以下,皆远小于 10 的临界值,因而可以判断模型整体上并不存在严重的多重共线性,不会对后续的回归分析结果造成影响。企业长期价值导向表现调节慈善捐赠效果的回归方程中各解释变量的 VIF 值详见表 6.3 所示。

表 6.3　企业长期价值导向表现调节慈善捐赠效果回归方程中主要研究变量的 VIF 值

变　量	VIF	变　量	VIF
$SIZE$	2.645	SHC	1.873
AGE	2.812	λ	6.177
AD	1.368	GIV	1.106
MI	1.129	$INST$	1.590
$PAST$	1.166	RD	1.070

第二节　回归结果及分析

一、Heckman 第一阶段 Probit 模型

与上一章相同,本章也运用了近期慈善捐赠经济后果相关研究的主流方法,即 Heckman 两阶段分析法(two-stage Heckman selection model)进行假设检验。首先,在第一阶段中基于全样本,同样是以捐赠可能性($IFGIV$)为被解释变量,以企业规模($SIZE$)、企业年龄(AGE)、广

告强度（AD）、制度环境（MI）、冗余资源（SLACK）、行业捐赠（INGIV）和行业增长（INGRO）等为解释变量，同时控制了行业和年度，分析企业是否参与慈善捐赠的选择性问题。

与上一章企业低层次社会责任状况对慈善捐赠调节效应实证检验的 Heckman 第一阶段回归过程及结果相同，企业规模越大、上市时间越长、所处区域市场化进程越快，捐赠的可能性越大，而且广告强度的提升、冗余资源的丰富以及行业销售的增长也均会使企业参与慈善捐赠的概率更高，行业捐赠对企业捐赠可能性的影响虽与预期方向相同但并未达到显著。与前文所述基本一致的是，规模越大、上市年限越长、所处区域市场化进程越快的企业，越容易受到更多来自媒体或公众的关注和监督，出于压力其捐赠的可能性更大（Wang & Qian, 2011）；广告强度反映的是企业投资于广告等营销活动的意愿和努力，重视营销的企业致力于通过品牌形象建设提高竞争优势，所以越重视营销的企业越可能捐赠（张建君，2013）；企业的冗余资源越多、企业所处行业增长越快，一定程度上意味着该企业拥有更加充裕的资源来参与捐赠活动（Du et al., 2014；Wang et al., 2008）。第一阶段的具体回归结果详见上一章中表 5.4 的列示[①]。接下来，本研究依据该阶段的回归结果计算得出逆米尔斯比率（inverse Mills ratio, λ），作为控制变量引入下一阶段的回归模型中，用于控制潜在的样本选择性偏差。

二、Heckman 第二阶段回归模型

通过构造 Heckman 第一阶段 Probit 模型，得到企业参与慈善捐赠的可能性，从 Probit 估计式计算得出逆米尔斯比率（inverse Mills ratio, λ），作为企业长期价值导向调节慈善捐赠效果回归方程中的修正参数。Heckman 第二阶段是以企业绩效（FP）为因变量，以相对捐赠水平（GIV）为关键自变量，将企业长期价值导向表现的两个代理变量机构持股比例（INST）和研发投入水平（RD）分别设定为调节变量，利用逐层回归分析法对相应研究假设进行验证，表 6.4 报告了具体的回归结果。从表中可以看到，各模型中 λ 均通过了显著性检验（$p<0.01$），说明本章控制样本选择性偏差是适宜且必要的。

---

① 由于此处的第一阶段 Probit 回归结果与之前一致，为避免重复不再列示。

表 6.4 企业长期价值导向表现对慈善捐赠效果的影响（Heckman 第二阶段回归结果）

变量	模型 1	模型 2	模型 3	模型 4	模型 5
			因变量＝经行业调整后的 ROA		
Constant	10.188***（1.488）	13.001***（1.342）	11.816***（1.277）	11.855***（1.384）	11.885***（1.466）
控制变量					
SIZE	−0.434***（0.074）	−0.521***（0.066）	−0.482***（0.057）	−0.487***（0.060）	−0.487***（0.063）
AGE	0.762***（0.164）	0.199***（0.070）	0.230***（0.057）	0.253***（0.061）	0.236***（0.054）
AD	9.627***（1.469）	8.842***（1.535）	8.572***（1.655）	8.429***（1.726）	8.459***（1.740）
MI	−0.086***（0.010）	−0.068***（0.013）	−0.069***（0.012）	−0.070***（0.014）	−0.069***（0.013）
PAST	0.615***（0.046）	0.595***（0.041）	0.592***（0.043）	0.587***（0.044）	0.588***（0.044）
SHC	2.290***（0.372）	0.462***（0.118）	0.527***（0.112）	0.725***（0.155）	0.706***（0.152）
λ	−5.926***（0.397）	−6.048***（0.395）	−5.904***（0.503）	−5.959***（0.573）	−5.947***（0.560）
YEAR	Controlled	Controlled	Controlled	Controlled	Controlled
调节变量					
INST		0.033***（0.006）	0.033***（0.005）	0.032***（0.004）	0.032***（0.004）

续　表

变　量		模型 1	模型 2	因变量=经行业调整后的 ROA		
				模型 3	模型 4	模型 5
自变量	RD		0.040*** (0.014)	0.025 (0.016)	0.027* (0.015)	0.011 (0.007)
	GIV			6.926* (3.755)	7.225** (3.505)	6.872* (3.638)
交互项	GIV×INST				0.270*** (0.066)	0.273*** (0.066)
	GIV×RD					0.283** (0.084)
N		1 845	1 845	1 845	1 845	1 845
F 值		158.013***	137.053***	127.794***	119.761***	111.813***
R^2		0.462 8	0.473 1	0.475 7	0.478 1	0.478 4
Adjusted R^2		0.459 9	0.469 6	0.472 0	0.474 1	0.474 1

注:括号中数据为标准误差(S.E.);*、**、***分别代表在 0.1、0.05 和 0.01 水平上显著,双尾检验;由于绩效测量时已通过行业中值调整对行业差异加以控制,本书中基本按保留小数点后三位的原则报告数据,R^2 出于对比更加清晰的需要则精确到小数点后四位。

与上一章企业低层次社会责任状况对慈善捐赠效果调节效应实证检验的 Heckman 第二阶段回归过程相类似,本章同样遵循 Aiken & West (1991)的调节性回归分析法,分多步进行逐层回归,共形成了 5 个回归模型。首先,模型 1 是基准模型,控制了企业规模(SIZE)、企业年龄(AGE)、广告强度(AD)、制度环境(MI)、上一年绩效(PAST)及股权集中度(SHC)等解释变量对企业绩效(FP)的影响。数据显示,基准模型中 R^2 等于 0.462 8,可见控制变量选用的效果较好,对企业绩效已具有一定的解释力。除企业年龄(AGE)、制度环境(MI)外,企业规模(SIZE)、广告强度(AD)、上一年绩效(PAST)、股权集中度(SHC)等控制变量回归系数的方向和显著性都与本研究所预期的相一致,其中企业规模(SIZE)对企业绩效(FP)的影响显著为负,因为一般情况下大企业机构庞大、管理层级多,管理成本增加的同时很可能带来管理组织官僚化等问题,导致决策和控制信息失真(钱婷、武常岐,2016),对企业绩效产生负面影响;广告强度(AD)对企业绩效(FP)的影响显著为正,因为广告营销可以提高品牌知名度和产品差异化,具有创造竞争优势的作用,从而会对企业绩效产生显著的正向影响(冯仁涛等,2013);企业绩效(FP)还受到上一年绩效(PAST)的显著正向影响,上一年的业绩状况越好,当年的企业绩效水平也越高;股权集中度(SHC)对企业绩效(FP)的影响显著为正,因为大股东持股比例越高,其监督企业经营过程的动力越强,有利于企业绩效的提升。

模型 2 在仅包含控制变量的基准模型的基础之上加入了本章研究中所涉及的机构持股(INST)和研发投入(RD)这 2 个调节变量。结果显示,机构持股(INST)对企业绩效(FP)的影响显著为正($p<0.01$),说明机构投机者持股比例越高,企业的绩效水平越高,企业绩效越好。作为上市公司外部中小股东代表的机构投资者可以凭借其在资金、信息以及专业知识方面的优势有效监督公司内部控股股东与高管的决策与行为,同时向公司及时传达市场信息,使上市公司的经营更加规范和有效,改善公司治理,从而有利于企业绩效的提升(Shleifer & Vishny, 1986;Maug, 1998;吴先聪,2012)。另一个调节变量研发投入(RD)对企业绩效(FP)的影响亦显著为正($p<0.01$),说明研发投资对企业绩效具有促进作用。在日趋激烈的市场竞争环境下,稀缺的、有用的以及难以复制替代的独特资源是企业拥有或维持其在市场中优势地位的关键砝码,而这些独特资

源获取的重要来源之一就是研发创新。企业在研发创新方面加大投入，可以使企业不断通过新技术、新产品的开发等提升自身的核心竞争力，从而帮助企业在日渐严峻的市场环境中保持竞争优势，实现经济绩效的持续增长（李璐、张婉婷，2013）。

进一步地，模型 3 引入了自变量慈善捐赠水平（GIV）以检验慈善捐赠对企业绩效的整体影响，结果显示，慈善捐赠（GIV）对因变量企业绩效（FP）的回归系数 $\beta_7 = 6.926$，并在 0.1 的水平上达到边缘显著，一定程度上支持了慈善捐赠水平越高企业绩效越好的主效应假设 H1。模型 4、模型 5 在模型 3 的基础上又依次添加了自变量慈善捐赠水平（GIV）与 2 个调节变量机构持股（$INST$）和研发投入（RD）之间的两两交互项以检验调节效应，这与 Wang & Qian(2011)在进行慈善捐赠与企业绩效关系的情境变量调节效应实证研究时的做法类似。从上述模型中可以发现，各模型的结果之间稳定性较高，而且自变量、调节变量及其相应交互项的进入均显著改善了基准模型的解释力。接下来本书主要基于全模型，即模型 5 的结果进行报告。假设 H3a 和 H3b 分别推断企业机构持股和研发表现会对慈善捐赠与财务绩效之间的关系产生调节作用。从回归结果来看，根据方程（2），一方面，慈善捐赠水平（GIV）与机构持股（$INST$）的交互项 $GIV \times INST$ 对因变量企业绩效（FP）的回归系数 β_{10} 等于 0.273，并在 0.01 的水平上达到显著，表明机构持股表现的确对慈善捐赠与企业绩效之间的关系产生正向调节作用，机构持股比例越高，慈善捐赠对企业绩效的正向影响越强，假设 H3a 得到非常充分的支持；另一方面，慈善捐赠水平（GIV）与研发投入（RD）的交互项 $GIV \times RD$ 对因变量企业绩效（FP）的回归系数 β_{11} 等于 0.283，并在 0.05 的水平上达到显著，表明研发投入的变现对慈善捐赠与企业绩效之间的关系也具有正向调节影响，研发投入水平越高，慈善捐赠对企业绩效的正向影响越强，假设 H3b 同样得到了较充分的支持。

为了更加直观、形象地刻画出企业长期价值导向表现具体如何调节慈善捐赠与企业绩效之间的关系，本章也依据 Aiken & West(1991)的方法绘制了机构持股（$INST$）和研发投入（RD）变量的调节效应交互图，如图 6.1、图 6.2 所示。图 6.1 展示了因变量度量为 ROA（经行业调整后）的模型中企业机构持股表现对慈善捐赠效果的调节作用，从图中可以看出，在不同的机构持股水平下,慈善捐赠对企业绩效的影响存在显著的差异,在较高机构持股水平下,慈善捐赠对企业绩效影响为正,而当企业的机构持股水平降低时,慈善捐赠对企业绩效的正向影响减弱,甚至可能产生负向影响,表现为直线的斜率为向下倾斜,因而假设 H3a 得到了支持,低机构持股比例的企业热衷慈善,容易引发利益相关者的认知冲突,将企业的慈善行为视作具有短期投机性质的逐利行为,反而可能对企业绩效产生负面影响。

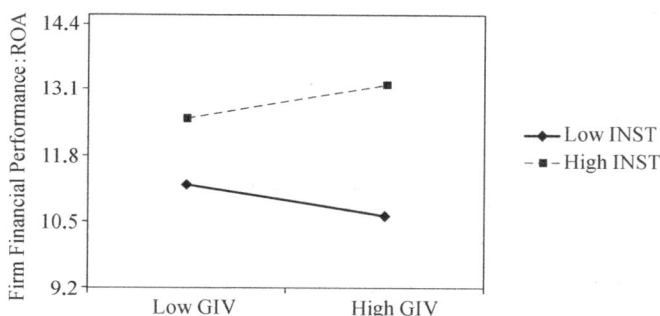

图 6.1 慈善捐赠与企业绩效:机构持股比例的调节作用

图 6.2 展示了因变量度量为 ROA(经行业调整后)的模型中企业研发投入表现对慈善捐赠效果的调节作用,从图中可以看出,在不同的研发投入水平下,慈善捐赠对企业绩效的影响也存在显著的差异,当研发投入水平较高时,慈善捐赠对企业绩效的正向影响更强,表现为直线的斜率更加陡峭,支持了 H3b 的假设,说明研发投入是企业长期导向、注重长远效益的重要体现,高研发投入有助于利益相关者对捐赠做正面解读,从而能够增强捐赠对绩效的正向影响。

以上结论表明,企业长期价值导向表现将会影响到利益相关者对企业从事慈善捐赠的动机认知,在本研究中具体体现为企业的机构持股比例与研发投入水平越高,从某种意义上越能反映出企业的长期价值导向,为利益相关者判断企业慈善动机的真诚性提供了有用线索。通常具有长期导向、注重长远发展的企业从事捐赠,认知一致性有助于利益相关者对企业的捐赠行为做正面归因;相反,那些在其他方面显现短期利益导向的企业却偏偏热衷于捐赠,则容易引发利益相关者的认知冲突,企业的慈善捐赠行为很可能被利益相关者解读成短视的投机行为而非出于真诚的动机,不仅难以对企业绩效产生正向影响,甚至会大大损害慈善捐赠的战略效果。实证结果均验证了本研究所提出的假设。

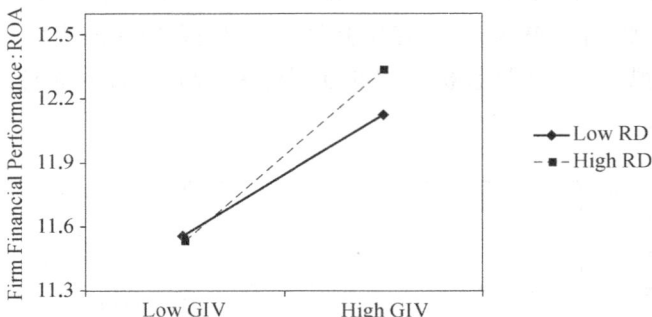

图 6.2　慈善捐赠与企业绩效:研发投入水平的调节作用

三、稳健性检验

为测试研究结果的可靠性,本章从以下几个方面进行了稳健性检验。首先,财务杠杆率超过 100% 的企业几乎在依靠负债经营,资金链一旦断裂企业破产的可能性大,其经营表现很可能会出现异常,影响模型估计的结果。鉴于此,本研究取财务杠杆率不大于 1 的样本重复上述实证过程,以避免一些资不抵债的企业经营异常对模型估计准确性的影响。观测值随之减少到 1 761 个,得到的回归结果与之前相比并未发生任何实质性改变,进一步支持了假设 H1、H3a 和 H3b。具体结果的详细报告如表6.5所示。

其次,借鉴卢正文、刘春林(2012)的做法,用捐赠行为发生随后两年 ROA(经行业调整后)的均值来评估捐赠的财务效应,两年的时间能够充分反映慈善捐赠的影响,同时也不会因为时间太滞后而损害变量测量的准确性。同样地,重新运行模型后所得结果与先前基本一致[①],全模型中 GIV 对因变量 FP 的回归系数 $\beta_7 = 3.436$,并在 0.05 的水平上达到显著;交互项 $GIV \times INST$ 对 FP 的回归系数 β_{10} 等于 0.136,并在 0.01 的

---

① 此处未对该稳健性检验的具体结果进行列表详细报告。

水平上达到显著;交互项 $GIV \times RD$ 对 FP 的回归系数 β_{11} 等于 0.142,同样在 0.01 的水平上达到了显著,假设 H1、H3a 和 H3b 得到了进一步的验证。

再次,更换重要变量的度量方法,采用行业调整后的销售利润率(ROS),即以企业的净利润与年度营业总收入的比值来测量企业绩效。与之前选用的 ROA 相比,这一指标可以从不同的角度衡量企业的获利能力。同样地,考虑到行业差异,与之前对因变量的处理方法相同,本研究计算出企业所处行业的 ROS 中位值后,用该企业的 ROS 水平减去同行业的 ROS 中位值,以行业调整后的 ROS 水平表示。按此重新回归后的结果也与表 6.4 基本保持了一致,同样较好地展现了之前实证模型及分析结果的稳健性,详见表 6.6 所示。

最后,本研究将 ROS 作为因变量的同时,以捐赠支出占营业收入的比例(百分数形式)来重新定义自变量慈善捐赠,回归结果依然与之前保持一致,具体结果的详细报告如表 6.7 所示。综合上述检验结果,可见本章所得出的研究结论具有较高的稳健性和可靠性。

表 6.5　企业长期价值导向表现对慈善捐赠效果的影响（稳健性检验：剔除资不抵债的样本）

变　量	模型 1	模型 2	模型 3	模型 4	模型 5
			因变量＝经行业调整后的 ROA		
Constant	8.417***(1.919)	11.534***(1.623)	10.510***(1.873)	10.596***(1.959)	10.640***(2.074)
控制变量					
SIZE	−0.356***(0.083)	−0.455***(0.072)	−0.421***(0.073)	−0.426***(0.075)	−0.426***(0.078)
AGE	0.545***(0.200)	−0.047(0.090)	−0.019(0.076)	−0.006(0.069)	−0.025(0.054)
AD	9.952***(1.193)	9.135***(1.259)	8.878***(1.356)	8.738***(1.413)	8.768***(1.426)
MI	−0.079***(0.024)	−0.058**(0.026)	−0.060**(0.025)	−0.061**(0.028)	−0.059**(0.027)
PAST	0.701***(0.038)	0.679***(0.032)	0.675***(0.034)	0.672***(0.035)	0.673***(0.035)
SHC	2.395***(0.108)	0.484*(0.266)	0.530**(0.262)	0.690***(0.228)	0.673***(0.229)
λ	−5.668***(0.597)	−5.826***(0.498)	−5.700***(0.629)	−5.768***(0.629)	−5.760***(0.604)
YEAR	Controlled	Controlled	Controlled	Controlled	Controlled
调节变量					
INST		0.034***(0.006)	0.034***(0.006)	0.033***(0.005)	0.033***(0.005)
RD		0.032**(0.015)	0.019(0.016)	0.020(0.015)	0.001(0.011)
自变量					
GIV			6.399*(3.593)	6.532*(3.314)	6.061 3*(3.590)

续表

因变量=经行业调整后的 ROA

变量	模型 1	模型 2	模型 3	模型 4	模型 5
交互项					
$GIV \times INST$				0.229***(0.069)	0.232***(0.069)
$GIV \times RD$					0.360**(0.158)
N	1 761	1 761	1 761	1 761	1 761
F 值	183.850***	160.183***	149.154***	139.426***	130.250***
R^2	0.512 3	0.523 7	0.526 0	0.527 8	0.528 2
Adjusted R^2	0.509 5	0.520 5	0.522 5	0.524 1	0.524 2

表 6.6 企业长期价值导向表现对慈善捐赠效果的影响(稳健性检验:更换重要变量的度量方法 1)

因变量=经行业调整后的 ROS

变量	模型 1	模型 2	模型 3	模型 4	模型 5
Constant	17.474***(2.661)	21.350***(1.954)	20.145***(1.324)	20.437***(1.566)	20.421***(1.693)
控制变量					
SIZE	−0.780***(0.080)	−0.905***(0.053)	−0.866***(0.021)	−0.880***(0.026)	−0.875***(0.030)

注:括号中数据为标准误(S.E.);*、**、***分别代表在 0.1、0.05 和 0.01 水平上显著,双尾检验;由于绩效测量时已通过行业中值调整对行业差异加以控制,本书并未额外设置行业虚拟变量;表中基本按保留小数点后三位的原则报告数据,R^2 出于对比更加清晰的需要则精确到小数点后四位。

续 表

因变量=经行业调整后的 ROS

变 量	模型 1	模型 2	模型 3	模型 4	模型 5
AGE	0.297(0.212)	-0.316^{**}(0.147)	-0.274^{*}(0.148)	-0.251(0.154)	-0.298^{*}(0.173)
AD	10.445^{***}(2.052)	9.431^{***}(2.129)	9.171^{***}(2.149)	8.955^{***}(2.193)	9.038^{***}(2.261)
MI	-0.195^{***}(0.032)	-0.182^{***}(0.039)	-0.182^{***}(0.038)	-0.185^{***}(0.040)	-0.180^{***}(0.039)
$PAST$	0.668^{***}(0.060)	0.657^{***}(0.057)	0.658^{***}(0.058)	0.656^{***}(0.059)	0.656^{***}(0.059)
SHC	3.741^{***}(0.813)	1.714^{**}(0.862)	1.765^{**}(0.862)	2.003^{**}(0.872)	1.956^{**}(0.879)
λ	-4.223^{***}(0.969)	-4.563^{***}(0.817)	-4.378^{***}(0.692)	-4.498^{***}(0.773)	-4.438^{***}(0.802)
$YEAR$	Controlled	Controlled	Controlled	Controlled	Controlled
调节变量					
$INST$		0.035^{***}(0.007)	0.035^{***}(0.006)	0.034^{***}(0.005)	0.034^{***}(0.005)
RD		0.070^{**}(0.030)	0.057^{*}(0.028)	0.058^{**}(0.027)	0.015(0.020)
自变量					
GIV			6.815^{**}(3.101)	6.997^{**}(3.537)	6.067^{*}(3.264)
交互项					
$GIV\times INST$				0.335^{***}(0.085)	0.341^{***}(0.085)
$GIV\times RD$					0.792^{***}(0.136)

续 表

变量	因变量=经行业调整后的 ROS				
	模型 1	模型 2	模型 3	模型 4	模型 5
F 值	178.452***	151.285***	140.052***	130.624***	122.126***
R^2	0.494 8	0.499 4	0.500 2	0.501 5	0.502 0
Adjusted R^2	0.492 0	0.496 1	0.496 7	0.497 6	0.497 9

注：括号中数据为标准误(S.E.)；*、**、*** 分别代表在 0.1、0.05 和 0.01 水平上显著，双尾检验；由于绩效测量时已通过行业中值对行业差异加以控制，本书并未额外设置行业虚拟变量；表中基本按保留小数点后三位的原则报告数据，R^2 出于对比更加精确的需要则精确到小数点后四位。

表 6.7 企业长期价值导向表现对慈善捐赠效果的影响(稳健性检验：更换重要变量的度量方法 2)

变量	因变量=经行业调整后的 ROS				
	模型 1	模型 2	模型 3	模型 4	模型 5
Constant	17.474***(2.661)	21.350***(1.954)	19.320***(1.150)	19.451***(1.262)	19.537***(1.394)
控制变量					
SIZE	−0.780***(0.080)	−0.905***(0.053)	−0.828***(0.015)	−0.842***(0.013)	−0.842***(0.014)
AGE	0.297(0.212)	−0.316***(0.147)	−0.284***(0.142)	−0.239(0.152)	−0.287*(0.169)
AD	10.445***(2.052)	9.431***(2.129)	9.182***(2.133)	9.095***(2.181)	9.157***(2.273)
MI	−0.195***(0.032)	−0.182***(0.039)	−0.178***(0.041)	−0.184***(0.042)	−0.178***(0.040)
PAST	0.668***(0.060)	0.657***(0.057)	0.656***(0.058)	0.653***(0.058)	0.654***(0.058)

续 表

变 量	模型 1	模型 2	模型 3	模型 4	模型 5
		因变量=经行业调整后的 ROS			
SHC	3.741***(0.813)	1.714**(0.862)	1.801**(0.836)	2.121**(0.879)	2.069**(0.886)
λ	−4.223***(0.969)	−4.563***(0.817)	−4.437***(0.703)	−4.488***(0.744)	−4.398***(0.786)
YEAR	Controlled	Controlled	Controlled	Controlled	Controlled
调节变量					
INST		0.035***(0.007)	0.035***(0.006)	0.035***(0.005)	0.035***(0.005)
RD		0.070**(0.030)	0.057**(0.028)	0.055**(0.027)	0.008(0.020)
自变量					
GIV			4.031*(2.083)	4.615*(2.365)	4.064*(2.186)
交互项					
GIV×INST				0.190***(0.029)	0.190***(0.030)
GIV×RD					0.441***(0.065)
F 值	178.452***	151.285***	140.177***	130.793***	122.353***
R^2	0.494 8	0.499 4	0.500 0	0.501 8	0.502 5
Adjusted R^2	0.492 0	0.496 1	0.496 9	0.498 0	0.498 4

注：括号中数据为标准误差(S.E.)；*、**、***分别代表在 0.1、0.05 和 0.01 水平上显著，双尾检验；由于绩效测量时已通过行业中值调整对行业差异加以控制，本书未另外设置行业虚拟变量；表中基本按保留小数点后三位的原则报告数据，R^2 出于对比更加清晰的需要则精确到小数点后四位。

第三节 本章小结

本章运用 Heckman 两阶段分析法检验了企业长期价值导向表现对企业慈善捐赠与企业绩效之间关系的调节效应。实证检验结果表明，企业在长期价值导向方面的表现对企业慈善捐赠活动与企业绩效之间的关系有显著的调节作用。具体而言，若企业坚持长期价值导向，则慈善捐赠提升企业绩效的效果更加明显；反之，如果企业一边展现出注重短期利益的倾向，另一边却大肆进行慈善捐赠行为，则这种不一致性容易导致慈善捐赠活动被利益相关者解读为"投机行为"，慈善捐赠提升企业绩效的战略效果将被削弱，甚至引发逆火效应。

本章的主要实证结论归结如下：第一，总体而言，慈善捐赠对企业绩效具有显著正向影响，慈善捐赠水平越高，企业绩效越好。这一结论与"战略慈善观"（Post & Waddock, 1995；Liket & Maas, 2016）相符，"善有善报"（good deeds earn chits），从事公益性慈善在增进社会福利的同时能够给企业自身带来经济效益。第二，机构持股比例会对慈善捐赠与企业绩效之间的关系产生显著的正向调节作用，高机构持股比例下，慈善捐赠对企业绩效的促进作用更强，反之则反是。由于机构持股比例的高低可以反映企业价值导向的长短，机构持股比例越高，则越可能被利益相关者解读为具有长期价值导向，那么慈善捐赠的动机也就越可能得到利益相关者的认同，因此慈善捐赠的战略效果就会得到进一步加强。第三，研发投入的水平对慈善捐赠与企业绩效之间的关系亦具有显著的正向调节影响，研发投入水平越高，慈善捐赠对企业绩效的正向影响越强。由于科技创新投入的回报周期较长，企业研发投入越多、科技创新的意愿越强，越可能被利益相关者解读为具备长期价值导向，更加有助于利益相关者对企业的慈善捐赠动机进行正面归因，从而企业从事慈善捐赠提升企业绩效的战略效果得到加强。第四，为了测试研究结果的可靠性，本章通过样本进一步筛选、重要变量度量方法更换等方法，对实证结果进行稳健性检验，发现实证结果基本保持一致，呈现出较高的稳健性。

第七章 企业可见性的深层调节作用检验

本章分别检验不同企业可见性下,低层次社会责任状况以及长期价值导向表现对企业慈善捐赠效果的影响。第一节报告了企业可见性对低层次社会责任状况的调节效应发挥深层调节作用的回归结果,并对主要研究发现进行了分析和讨论。相对应地,第二节报告的是企业可见性对长期价值导向表现的调节效应发挥深层调节作用的回归结果,并对主要研究发现进行了分析和讨论。第三节是本章小结。

第一节 企业可见性对低层次社会责任状况调节效应的影响

一、实证分析结果

为了探索不同企业可见性下,低层次社会责任状况对企业慈善捐赠效果的调节效应差异,本书参照 Wang & Choi(2013)在研究企业社会绩效、企业社会绩效内在一致性与知识强度三者对企业财务绩效联合影响时的做法,根据第四章研究设计中所构建的方程(3),采用调节性回归分析法并分四步进行逐层回归[①]:第一步首先进入企业规模($SIZE$)、企业年龄(AGE)、制度环境(MI)、上一年绩效($PAST$)这些控制变量;第二步

---

① 此处同样采用的是 Heckman 两阶段分析法,由于第一阶段 Probit 回归结果与之前一致,为避免重复不再列示,依据该阶段回归结果计算得出的逆米尔斯比率(inverse Mills ratio,λ)同样作为控制变量引入 Heckman 第二阶段的回归模型中,用于控制潜在的样本选择性偏差,本章主要对第二阶段的回归结果进行详细的汇报。

添加第一类调节变量股息支付率（DIR）、资产纳税率（TAR）、应付账款周转率（SUR），第二类调节变量企业可见性（$VISI$）以及自变量慈善捐赠（GIV）等单个解释变量；第三步加入两类调节变量与自变量之间所有的二次交互项 $GIV×VISI$、$GIV×DIR$、$GIV×TAR$、$GIV×SUR$、$DIR×VISI$、$TAR×VISI$、$SUR×VISI$，以进一步控制这些二次交互项的影响，为企业可见性深层调节影响的假设检验奠定基础；第四步则引入两类调节变量与自变量之间的三次交互项 $GIV×DIR×VISI$、$GIV×TAR×VISI$、$GIV×SUR×VISI$，本节关心的主要就是这 3 个三次交互项的系数，以分别判断企业经济责任、法律责任和道德责任的履行状况对慈善捐赠的调节作用在不同的企业可见性下是否存在显著的差异。具体结果如表 7.1 所示。

从回归结果的模型 4 中可以看到，首先，自变量慈善捐赠（GIV）、第一类调节变量股息支付率（DIR）和第二类调节变量企业可见性（$VISI$）的三次交互项 $GIV×DIR×VISI$ 对企业绩效（FP）的回归系数并未达到显著（$p > 0.1$），说明企业可见性没有对企业股息支付水平调节效应的发挥产生深层调节影响，前文所提出的假设 H4a 未能得到支持；其次，自变量慈善捐赠（GIV）、第一类调节变量资产纳税率（TAR）和第二类调节变量企业可见性（$VISI$）的三次交互项 $GIV×TAR×VISI$ 对企业绩效（FP）的回归系数为正但仍不显著（$p > 0.1$），说明企业可见性对企业依法纳税水平的调节作用没有明显的强化影响，所以前文所提出的假设 H4b 也没有能够得到支持；最后，自变量慈善捐赠（GIV）、第一类调节变量应付账款周转率（SUR）和第二类调节变量企业可见性（$VISI$）的三次交互项 $GIV×SUR×VISI$ 对企业绩效（FP）的回归系数等于 0.918，并且在 0.01 的水平上达到显著，说明不同的企业可见性下，企业支付供应商货款及时性水平对慈善捐赠效果的调节作用存在显著差异，当企业可见性高而非低时，企业支付供应商货款及时性水平对慈善捐赠与企业绩效之间关系的调节效应更强，支持了前文所提出的假设 H4c。

表 7.1 不同可见性下企业低层次社会责任履行状况对慈善捐赠效果的影响

变 量	因变量=经行业调整后的 ROA			
	模型 1	模型 2	模型 3	模型 4
Constant	15.085*** (3.093)	7.073*** (3.039)	7.109*** (2.632)	7.053*** (2.578)
控制变量				
SIZE	−0.489*** (0.087)	−0.307*** (0.092)	−0.309*** (0.077)	−0.306*** (0.076)
AGE	−0.013(0.165)	0.011(0.182)	0.004(0.159)	0.007(0.163)
MI	0.004(0.056)	0.065(0.059)	0.064(0.058)	0.062(0.057)
PAST	0.555*** (0.025)	0.485*** (0.025)	0.481*** (0.023)	0.480*** (0.023)
λ	−7.535*** (1.509)	−4.743*** (1.058)	−4.422*** (0.898)	−4.391*** (0.935)
YEAR	Controlled	Controlled	Controlled	Controlled
自变量/调节变量				
DIR		0.042* (0.025)	0.045*** (0.016)	0.044*** (0.015)
TAR		0.250(0.026)	0.225*** (0.031)	0.226*** (0.031)

续　表

变　量	因变量＝经行业调整后的 ROA			
	模型 1	模型 2	模型 3	模型 4
SUR		0.003(0.002)	0.004(0.005)	0.003(0.005)
VISI		4.020***(1.511)	1.295(1.215)	1.199(1.288)
GIV		1.536*(0.813)	1.211(0.875)	1.243(0.982)
二次交互项				
GIV×VISI			15.291(14.938)	13.620**(6.877)
GIV×DIR			0.209***(0.062)	0.200**(0.084)
GIV×TAR			0.163(0.151)	0.132(0.159)
GIV×SUR			0.076***(0.011)	0.090***(0.007)
DIR×VISI			−0.123(0.152)	−0.144(0.135)
TAR×VISI			1.111***(0.207)	1.091***(0.181)
SUR×VISI			0.071(0.094)	0.042(0.108)

续　表

因变量＝经行业调整后的 ROA

变　量	模型 1	模型 2	模型 3	模型 4
三次交互项				
$GIV \times DIR \times VISI$				−0.940(2.393)
$GIV \times TAR \times VISI$				0.780(2.146)
$GIV \times SUR \times VISI$				0.918***(0.249)
N	4 440	4 440	4 440	4 440
F 值	377.266***	248.539***	165.323***	143.858***
R^2	0.404 6	0.422 0	0.428 0	0.428 3
Adjusted R^2	0.403 5	0.420 3	0.425 4	0.425 4

注:括号中数据为标准误差(S.E.);*、**、***分别代表在 0.1、0.05 和 0.01 水平上显著,双尾检验;由于绩效测量时已通过行业中值调整对行业差异加以控制,本书未额外设置行业虚拟变量;表中基本按保留三位的原则报告数据,R^2 出于对比更加清晰的需要则精确到小数点后四位。

二、发现与讨论

从上述实证分析的结果可知,企业可见性对企业支付供应商货款及时性水平的调节效应存在显著的深层调节影响,即随着企业可见性的提高,企业支付供应商货款及时性水平对企业慈善捐赠效果的调节作用会显著增强。换言之,如果企业一方面热衷于慈善事业,另一方面却隐性侵害着供应商的权益,这种社会责任行为履行的不一致性所导致的利益相关者的认知冲突将会在企业可见性高的情况下被加剧,这与本研究的预期相一致。企业可见性作为一种独特的企业属性,反映了企业的地位、曝光度和吸引力,企业的可见性越高,意味着企业会相应更多地受到来自消费者、员工、供应商、投资者、政府等各利益相关者的关注。当企业在利益相关者心目中的可见性越高,企业及其伦理行为就更可能被利益相关者感知到,从而更加容易引发利益相关者在思维中形成对企业行为一致性的比较,加深认知冲突的程度。而且,正是由于利益相关者各方对高可见性企业的关注更多,他们对该企业履行社会责任的期望也就随之提高,进而使得企业一边侵犯供应商权益一边大肆捐赠的这种行为不一致性给利益相关者带来的认知冲突更大。所以企业可见性高而非低时,应付账款周转水平所代表的企业履行道德责任的状况对慈善捐赠与企业绩效之间关系的调节效应更强。

然而,本研究又发现,企业可见性并未对企业股息支付水平和依法纳税水平的调节效应产生深层影响,这与预期出现了偏差。究其原因,一方面可能是由于我国比较特殊的社会情境所造成的。我国正处于经济转轨时期,与成熟的资本市场的发展相比,我国资本市场还存在着一定的差距,就目前而言,我国上市公司中分红积极性不高、分红不连续等现象仍较为普遍。股票市场在某种意义上沦为单方面向上市公司输送资金的通道,双方主体在博弈过程中财富分配不均衡,中小投资者的利益尤其难以得到保障,从上市公司那里得到的分红较少。因此,当企业可见性上升,广大公众对企业股息支付的期望不会随之有多大程度的提高,导致企业履行经济责任与慈善责任状况的不一致性给利益相关者带来认知冲突的程度并不会发生显著变化,即企业可见性不对企业股息支付水平的调节效应产生深层调节影响。另外,目前我国的税收秩序、纳税评估系统等还不够完善，尽管近年来政府构建的一些监控网络为税务机关获取涉税信息做出了贡献，但是纳税企业偷税漏税的问题一直以来仍屡禁不止。对此公众可能早有心理准备，企业可见性的提升无法显著提升公众对企业依法纳税的期望，从而使得企业履行法律责任与慈善责任状况的不一致性给利益相关者带来认知冲突的程度亦未发生显著变化，即企业可见性不对企业依法纳税水平的调节效应产生深层调节影响。另一方面，企业可见性对企业股息支付水平和依法纳税水平的调节效应的影响不显著还可能与本书中企业可见性的测量方式有关，本研究是通过广告营销强度对企业可见性进行测量。企业的广告和营销宣传中常常涉及伦理层面的社会责任信息，但较少会涉及经济与法律层面的社会责任信息，因为这两类信息往往难以融于企业广告营销的内容且很少会通过大众媒体进行宣传和发布。一般而言，利益相关者主要依靠查阅年报、新闻报道或其他途径来了解企业股息支付和依法纳税方面的状况，所以广告强度的增加对利益相关者认知过程的影响起不到非常明显的作用，导致本研究中企业可见性的深层调节影响没能全部得到验证。

第二节　企业可见性对长期价值导向表现调节效应的影响

一、实证分析结果

　　与前一节中检验可见性对企业低层次社会责任状况调节作用发挥深层调节影响的实证过程相类似，为了探索不同企业可见性下，企业长期价值导向表现对慈善捐赠效果调节效应的差异，本研究参照 Wang & Choi (2013)在研究企业社会绩效、企业社会绩效内在一致性与知识强度三者对企业财务绩效联合影响时的做法，并根据第四章研究设计中所构建的方程(4)，采用调节性回归分析法并分四步进行逐层回归[①]：第一步首先进入企

[①]　类似地，为保持实证研究的一贯性，此处亦采用 Heckman 两阶段分析法，由于第一阶段 Probit 回归结果与之前一致，为避免重复不再列示，依据该阶段回归结果计算得出的逆米尔斯比率(inverse Mills ratio, λ)同样作为控制变量引入 Heckman 第二阶段的回归模型中，用于控制潜在的样本选择性偏差，本章主要对第二阶段的回归结果进行详细的汇报。

业规模（SIZE）、企业年龄（AGE）、制度环境（MI）、上一年绩效（PAST）、股权集中度（SHC）这些控制变量；第二步添加第一类调节变量机构持股比例（INST）、研发投入水平（RD），第二类调节变量企业可见性（VISI）以及自变量慈善捐赠（GIV）等单个解释变量；第三步加入两类调节变量与自变量之间的二次交互项 $GIV \times VISI$、$GIV \times INST$、$GIV \times RD$、$INST \times VISI$、$RD \times VISI$，以进一步控制所有二次交互项的影响，为企业可见性深层调节影响的假设检验奠定基础；第四步则引入两类调节变量与自变量之间的三次交互项 $GIV \times INST \times VISI$、$GIV \times RD \times VISI$，而本节中所关心的也主要就是这 2 个三次交互项的系数，以分别判断机构持股与研发投入表现对企业慈善捐赠的调节作用是否会因企业可见性的不同发生显著的变化。具体结果如表 7.2 所示。

从回归结果的模型 4 中可以看出，一方面，自变量慈善捐赠（GIV）、第一类调节变量机构持股比例（INST）和第二类调节变量企业可见性（VISI）之间的三次交互项 $GIV \times INST \times VISI$ 对企业绩效（FP）的回归系数并未达到显著（$p > 0.1$），说明企业可见性没有对企业机构持股表现调节效应的发挥产生深层调节影响，所以前文所提出的假设 H4d 在此没能得到支持；另一方面，自变量慈善捐赠（GIV）、第一类调节变量研发投入水平（RD）和第二类调节变量企业可见性（VISI）的三次交互项 $GIV \times RD \times VISI$ 对企业绩效（FP）的回归系数等于 14.925，并且在 0.01 的水平上达到显著，说明不同的企业可见性下，企业的研发投入水平对企业慈善捐赠效果的调节作用存在显著差异，当企业可见性高而非低时，企业研发投入水平对慈善捐赠与企业绩效之间关系的调节效应会变得更强，支持了前文所提出的假设 H4e。

表 7.2 不同可见性下企业长期价值导向表现对慈善捐赠效果的影响

变　量	因变量＝经行业调整后的 ROA			
	模型 1	模型 2	模型 3	模型 4
Constant	21.112***(3.381)	11.816***(3.690)	11.776***(3.806)	11.037***(3.783)
控制变量				
SIZE	−0.779***(0.130)	−0.482***(0.135)	−0.483***(0.138)	−0.451***(0.137)
AGE	0.609***(0.230)	0.230(0.264)	0.237(0.265)	0.210(0.267)
MI	−0.125**(0.056)	−0.069(0.055)	−0.078(0.055)	−0.074(0.055)
PAST	0.623***(0.039)	0.592***(0.039)	0.590***(0.039)	0.588***(0.039)
SHC	2.368***(0.825)	0.527(0.806)	0.723(0.803)	0.712(0.803)
λ	−9.769***(1.333)	−5.904***(1.413)	−5.817***(1.455)	−5.593***(1.448)
YEAR	Controlled	Controlled	Controlled	Controlled
自变量/调节变量				
INST		0.033***(0.006)	0.032***(0.006)	0.033***(0.006)
RD		0.025(0.036)	0.021(0.030)	0.010(0.026)
VISI		8.572***(1.975)	8.380***(2.024)	7.531***(1.974)
GIV		6.926***(2.502)	7.000***(2.588)	7.648***(2.648)

续 表

变量	模型 1	模型 2	模型 3	模型 4
		因变量=经行业调整后的 ROA		
二次交互项				
GIV×VISI			−0.581(30.233)	−23.241(33.606)
GIV×INST			0.234*(0.131)	0.255*(0.135)
GIV×RD			0.041(0.302)	0.091(0.306)
INST×VISI			0.136*(0.081)	0.125(0.078)
RD×VISI			1.970***(0.748)	0.612(0.579)
三次交互项				
GIV×INST×VISI				−2.263(1.866)
GIV×RD×VISI				14.925***(4.943)
N	1 845	1 845	1 845	1 845
F 值	169.454***	127.794***	97.233***	88.783***
R^2	0.453 6	0.475 7	0.489 4	0.493 3
Adjusted R^2	0.450 9	0.472 0	0.484 4	0.487 7

注:括号中数据为标准误差(S.E.);*、**、***分别代表在 0.1、0.05 和 0.01 水平上显著,双尾检验;由于绩效测量时已通过行业中值效量对行业差异加以控制,本书并未额外设置行业虚拟变量;表中基本按保留小数点后三位的原则报告数据,R^2 出于对比更加清晰的需要则精确到小数点后四位。

二、发现与讨论

从上述实证分析的结果可以发现,企业可见性对研发投入的调节效应存在显著的深层调节影响,即随着企业可见性的提高,企业研发投入对慈善捐赠与企业绩效之间的调节效应会显著增强。研发投入是企业完善生产流程、改进产品质量的支撑,为企业培育创新能力奠定基础,创新技术和流程提高能耗效率、降低环境污染,是企业长期导向、注重长远效益的重要体现,如果研发投入很低的企业却大肆捐赠,不一致的表现容易使利益相关者将其捐赠行为归因为短视的投机考虑而非出于真诚的动机,由此引发利益相关者的认知冲突,而这种认知冲突将会在企业可见性高的情况下被加剧,这与本研究预期相一致。企业可见性作为一种独特的企业属性,反映了企业的地位、曝光度和吸引力,企业的可见性越高,意味着企业会相应更多地受到来自利益相关者各方的关注。随着企业在利益相关者心目中的可见性提高,企业及其研发行为就更可能被利益相关者感知到,从而更加容易引发利益相关者在思维中形成对企业行为一致性的比较。也正是由于利益相关者各方对高可见性企业的关注更多,他们对该企业履行社会责任以及推动技术创新的期望随之提高,进而使得企业研发投入低却大肆捐赠的这种不一致表现给利益相关者带来的认知冲突更大。此外,本书是以广告营销强度来测量企业的可见性。现阶段我国正大力实施创新驱动发展战略,在此背景下,全社会对企业的研发创新表现高度关注,企业也往往会依托于广告营销活动对自身的研发投入、创新优势等进行广泛宣传,而且这类信息也较易于融入广告宣传的内容之中。随着企业广告强度的增加,利益相关者将更多地接收到该企业研发表现的相关信息,因而企业可见性高而非低时,企业研发投入对慈善捐赠与企业绩效之间关系的调节效应更强。

然而,实证结果却又显示,企业可见性并未对机构持股的调节效应产生深层调节影响,这与本研究的预期产生了偏差。尽管中国证券监督管理委员会于2001年提出"超常规发展机构投资者"战略之后,机构投资者迅速成长为我国资本市场中一支不可忽视的力量,然而就目前来看,我国的机构投资者仍处于发展初期,与国外成熟市场的机构投资者相比,规模势力仍非常有限,投资理念和风格尚不成熟,其所依托的我国证券市场也仅仅只经历较短的成长和发展里程,自身机制尚未健全。对此,社会公众可能已有心理准备,因此即使企业可见性上升,公众对企业机构持股质量的期望也不会随之有多大程度的提高,导致企业机构持股较低却大肆捐赠的不一致性给利益相关者带来认知冲突的程度并未发生显著变化,即企业可见性不对企业机构持股表现的调节效应产生深层调节影响。另一方面,企业可见性对机构持股表现的调节效应的影响不显著也很可能与本书中企业可见性的测量方式有关,正如前文叙述中所提到的,本研究是通过广告营销强度对企业可见性进行测量,企业的广告和营销宣传中常常会涉及企业研发表现的相关信息,但几乎不会涉及企业机构持股方面的信息,因为这类信息往往难以融于企业广告营销的内容且很少会通过大众媒体进行宣传和发布。一般而言,利益相关者主要依靠查阅年报、新闻报道或其他途径来了解企业的机构持股等公司治理状况,所以广告强度的增加对利益相关者认知过程的影响并不会非常明显,导致企业可见性深层调节影响的假设没有能够全部成立。

第三节 本章小结

本章分别检验不同企业可见性下,企业的低层次社会责任状况以及长期价值导向表现对慈善捐赠提升企业绩效战略效果的影响。实证结果在一定程度上表明,企业可见性的深层调节作用机制是存在的,在不同的企业可见性情境下,企业履行低层次社会责任状况以及企业长期价值导向表现对慈善捐赠与企业绩效关系的调节效应会有所差异。

本章的主要研究结论归结如下:第一,关于企业可见性对低层次社会责任状况调节效应的深层调节影响,本章的实证研究发现,在不同企业可见性的情境下,企业支付供应商货款及时性水平对慈善捐赠效果的调节作用存在显著差异,当企业可见性高时,企业支付供应商货款及时性水平对慈善捐赠与企业绩效之间关系的调节效应更强,反之则反是;但同时也发现,企业可见性并未对企业股息支付水平和依法纳税水平的调节效应产生深层次的影响,该结果与本研究的假设预期产生了偏差,究其原因,一方面可能是我国处于经济、社会转轨时期的制度情境造成的,另一方面也可能与本研究采用的企业可见性测量方式有关。第二,关于企业可见性对长期价值导向表现调节效应的深层调节影响，本章的实证研究发现，企业可见性对研发投入的调节效应存在显著的深层调节影响，即随着企业可见性的提高，企业研发投入对慈善捐赠与企业绩效之间的调节效应会显著增强；而同时也发现，企业可见性并未对机构持股的调节效应产生深层调节影响，该假设未得到支持，一方面与我国机构投资者持股的发展阶段有关，另一方面同样可能是由本研究中企业可见性的测度方式所造成的。

第八章 研究结论、启示及展望

通过理论研究与实证检验，前文充分探讨和论证了慈善捐赠影响企业绩效的内在机理，本章在概括、总结前文的基础之上归纳了本研究的主要结论，并详细阐明了研究启示，最后在指出本研究局限性的同时，提出了未来研究的方向。

第一节 研究结论

本书依据权变管理思想，提出利益相关者主体如何认知企业的慈善捐赠动机是慈善捐赠与企业绩效关系研究中理论和实证争议的根源。从利益相关者认知视角出发，本书系统分析了慈善捐赠影响企业绩效的内在机理，重点研究低层次社会责任状况与长期价值导向表现对企业慈善捐赠效果的调节效应，并进一步探讨了企业可见性特征对上述调节效应的深层调节影响。以我国企业与社会内嵌期（2007—2012 年）沪深两市A 股上市公司为研究样本，采用 Heckman 两阶段回归模型进行实证分析，本研究全部假设的实证检验结果如表 8.1 所示。

主要发现和研究结论归纳如下：

首先，归根结底，慈善捐赠的战略价值体现为一种关系型价值。企业参与慈善活动是对社会负责的现实体现。不同于明确的义务要求，慈善捐赠是自愿性质的、企业可自由裁定的社会责任，某种程度上能够反映出一个企业的良好品质，在市场中树立了一种价值观典范，向社会传递出正面的价值观信号，即使利益相关者没有直接观察到这种可视信号，他们也会通过人际间网络或媒体报道等间接途径接收到相关信息，直接或间接地提升企业声誉，为企业树立起良好的公众形象。由此获得的良好声誉和形象一方面可以激励员工、消费者、供应商、股东、政府等主要利益相关者与企业建立或保持联系，增强其合作意愿，帮助企业获取新资源；另一方面，这种声誉资本还可以在企业遭遇负面事件时维护利益相关者关系，防止利益相关者关系资产的流失，降低失去已有资源的风险。通过以上途径，慈善捐赠能够促进企业绩效的提升。

其次，正是由于利益相关者关系对企业绩效获取的重要性，利益相关者主体如何认知慈善捐赠的动机对企业慈善捐赠战略效果的影响就显得至关重要。本研究认为，当好的企业行为同时被认为是出于真诚动机的情况下更可能获得利益相关者的正面评价；相反，以逐利为目的的捐赠行为本身已经违背了其"慈悲博爱"的实质内涵，在这种情况下则难以实现其战略效果，甚至会对企业绩效产生负面影响。当利益相关者通过观察企业行为表现的一致性程度形成对慈善捐赠动机的认知与识别时，企业低层次社会责任状况和长期价值导向表现成为利益相关者判断慈善捐赠真诚性的两条重要线索。较为直观地，从企业低层次社会责任状况这一层面来看，当企业履行社会责任时出现明显不一致的表现，如某个企业一边连为股东创造价值、向政府依法纳税、尊重供应商等这些较低层次的社会责任都无法做到，一边却大肆投入财力物力从事慈善捐赠，则难以让公众相信其慈善动机是真诚的。本书研究发现，股息支付水平（经济责任）、依法纳税水平（法律责任）和支付供应商货款及时性水平（道德责任）这三者均显著正向调节了慈善捐赠与企业绩效之间的关系，在股息支付、依法纳税和支付供应商货款及时性水平高的情境下，慈善捐赠对企业绩效的正面影响更强，说明企业经济责任、法律责任和道德责任这三类低层次社会责任的履行状况与慈善捐赠行为的一致性程度会影响利益相关者对慈善动机真诚性的认知，进而影响到慈善捐赠的战略效果；企业履行低层次社会责任的水平越高，慈善捐赠的战略效果越好，否则糟糕的低层次社会责任履行状况将大大损害慈善捐赠的战略效果。

再次，推及更广的范围，从公司层面来看，企业的长期价值导向表现是利益相关者辨别企业从事慈善行为是否出于真诚动机的又一重要线索和参照。那些在其他方面展现出长期导向、注重长远发展的企业从事捐赠，认知一致性有助于利益相关者对企业的捐赠行为做正面归因;相反,那些在公司层面显现短期利益导向的企业却偏偏热衷于捐赠,则容易使利益相关者产生认知冲突,将慈善捐赠解读成短视的投机行为而非出于真诚的动机。本书研究发现,能够较好地反映企业长期价值导向的机构持股与研发投入表现均对慈善捐赠与企业绩效的关系产生显著的正向调节效应,在机构持股比例和研发投入水平高的情境下,慈善捐赠对企业绩效的正面影响更强,说明企业在其他方面的长期价值导向表现与慈善捐赠行为的一致性程度会影响利益相关者对慈善动机真诚性的认知,进而影响到慈善捐赠的战略效果;企业在其他方面越展现出长期的价值导向,慈善捐赠的战略效果也随之越好,否则较差的长期价值导向表现将大大损害慈善捐赠的战略效果,甚至对企业绩效造成负面影响。

最后,不同可见性特征的企业中,低层次社会责任状况与长期价值导向表现的调节效应会有所差异。本书研究发现,企业可见性对股息支付、依法纳税和机构持股调节效应的影响并不明显,而对支付供应商货款及时性水平与研发投入水平的调节效应则具有显著的深层调节影响。高企业可见性的情境下,支付供应商货款及时性水平与研发投入水平对慈善捐赠效果的调节效应均显著增强。这一定程度上说明企业在利益相关者心目中是否可见会影响利益相关者对慈善捐赠的认知形成与动机判断。当企业的可见性较低时,利益相关者难以对企业捐赠、低层次社会责任状况以及机构投资与研发表现等有所感知,相应地,利益相关者在思维中形成对企业行为表现一致性比较的可能性就会降低;而高可见性的企业则更容易受到更多来自利益相关者的关注,导致企业及其行为更可能被利益相关者感知到,所以在可见性较高的企业中利益相关者认知的影响更加重要。

表 8.1　本研究假设的实证检验结果一览表

假设序号	假设内容	实证结果
H1	慈善捐赠有助于提升企业绩效,慈善捐赠水平越高,企业绩效越好	支持
H2a	慈善捐赠对企业绩效的正面影响受到该企业股息支付水平(经济责任)的调节。当股息支付率越低时,慈善捐赠对企业绩效的正向影响越弱	支持
H2b	慈善捐赠对企业绩效的正面影响受到该企业依法纳税水平(法律责任)的调节。当依法纳税率越低时,慈善捐赠对企业绩效的正向影响越弱	支持
H2c	慈善捐赠对企业绩效的正面影响受到该企业支付供应商货款及时性水平(道德责任)的调节。当应付账款周转率越低时,慈善捐赠对企业绩效的正向影响越弱	支持
H3a	慈善捐赠对企业绩效的正面影响受到该企业机构持股表现的调节。高机构持股比例会增强慈善捐赠对企业绩效的正向影响;相反,较低的机构持股比例将大大削弱慈善捐赠的战略效果	支持
H3b	慈善捐赠对企业绩效的正面影响受到该企业研发投入水平的调节。高研发投入会增强慈善捐赠对企业绩效的正向影响;相反,较低的研发投入将大大削弱慈善捐赠的战略效果	支持
H4a	企业可见性高而非低时,股息支付水平对慈善捐赠与企业绩效之间关系的影响效应更强	不支持
H4b	企业可见性高而非低时,依法纳税水平对慈善捐赠与企业绩效之间关系的影响效应更强	不支持
H4c	企业可见性高而非低时,支付供应商货款及时性水平对慈善捐赠与企业绩效之间关系的影响效应更强	支持
H4d	企业可见性高而非低时,机构持股表现对慈善捐赠与企业绩效之间关系的影响效应更强	不支持
H4e	企业可见性高而非低时,研发投入水平对慈善捐赠与企业绩效之间关系的影响效应更强	支持

第二节 研究启示

纵观全书研究,结合本书的理论分析以及所发现的经验证据,本研究所给出的管理启示主要有以下几点:

一是管理者需要正确认识慈善捐赠与企业绩效之间的关系。长期以来,许多企业对于二者之间的内在关联存在误解,突出表现为企业倾向于将自身经济利益的获取与社会福利的改进割裂开来。虽然近年来我国的企业慈善捐赠实践势头迅猛,但仍处于发展的初级阶段,现实中履行慈善等社会责任的企业中有很大一部分只是从泛泛、笼统的层面来看待其社会责任的履行,缺乏从整体上进行思考与规划的前瞻性和战略性思维,导致从事慈善活动或履行其他社会责任经常变成一种表面文章,而且往往由于企业缺少内在动力而无法得以持续。事实上,企业和社会是相互依存的,企业经营与社会福利之间属于"正和博弈",而并非"零和博弈"(Poter & Krammer,2006),管理者需要从战略层面系统地考虑企业社会责任的履行,寻求企业利益与社会效益之间的结合点。由本书的研究结论可知,企业从事慈善捐赠活动既有利于改善社会福利,也可以为企业自身带来战略价值,因此管理者应该立足于企业和社会的协调发展,着眼于企业经营与社会福利的价值共享和相互强化,从战略上有效利用慈善活动,实施"战略慈善",使企业在积极履行企业社会责任的同时也能够促进自身经济效益的提升。管理者应当深刻认识到全社会对于企业承担社会责任的迫切要求,通过慈善捐赠活动,优化企业形象,积累声誉资本,改善或维护与利益相关者的关系,从而获取并保持核心竞争力。树立和维护良好的形象和声誉,需要企业长期、持续地投入各种资源,外在的压力终将无法支撑以利润最大化为目标的企业长久地承担慈善责任,企业的管理者唯有转变传统的经营观念,致力于追求长远盈利和企业的可持续发展,且真正了解从事慈善捐赠的战略价值,才能使企业主动从事慈善活动,积极承担起社会责任,并对企业短期内经营成本的提高和收益的暂时性受损保持足够的忍耐度。因此,厘清慈善捐赠对企业绩效的影响,不但有助于积极引导企业的慈善捐赠实践,而且有利于创造企业利益与社会公益双赢的局面。

二是企业从事慈善捐赠活动时需要格外关注利益相关者对企业捐赠行为的感知。本书研究结论表明,慈善捐赠的战略效果能否以及能够在多大程度上实现受到利益相关者对企业慈善动机认知的制约,只有被利益相关者认为是出于真诚动机的慈善捐赠才更可能增加企业的竞争优势、促进企业绩效的提升;当慈善捐赠被认为是功利或投机的伪善行为,而非出于真诚的动机时,将难以对企业绩效产生正面影响,甚至会引发逆火效应。由于利益相关者的认知规律是客观的,因此企业的管理者在做捐赠决策时,应努力遵循利益相关者的认知规律,避免企业的慈善活动被归因为"伪善"。具体而言,一方面,企业履行社会责任的前后一致性是利益相关者判别企业慈善诚意的重要依据,如果企业履行经济责任、法律责任或道德责任的状况与慈善捐赠行为的一致性程度高,则企业从事慈善捐赠将被利益相关者认为是"真善",在此情境下,慈善捐赠能够正向影响企业绩效;反之,如果企业在履行社会责任时出现前后不一致的行为,例如有的企业连为股东创造价值、向政府依法纳税、尊重供应商等这些较低层次的社会责任都无法做到,却大肆投入人力、物力和财力从事慈善捐赠,则容易导致利益相关者将慈善捐赠视为企业的一种"伪善"行为,在此情境下,慈善捐赠将大大削弱慈善捐赠对企业绩效的正向影响。鉴于此,企业在慈善捐赠的同时切不可忽视自身较低层次社会责任的履行状况,务必做到前后一致、表里如一,从而最大限度地避免利益相关者将企业的慈善捐赠解读为伪善或作秀行为,以达到更好地发挥慈善捐赠战略效果的目的。除了要认真履行低层次社会责任外,管理者还须重视企业的长期价值导向表现。基于本书的研究结论,观察长期价值导向表现是利益相关者判断企业慈善动机的另一途径,企业的机构持股比例与研发投入水平越高,从某种意义上也就越能反映出其在公司层面的长期价值导向,这为利益相关者将慈善捐赠解读为"真善"行为提供了正面线索。通常具有长期导向、注重长远发展的企业从事捐赠,认知一致性有助于利益相关者对企业的捐赠行为做正面归因;相反,那些在其他方面显现短期利益导向的企业却偏偏热衷于捐赠,则容易引发利益相关者的认知冲突,企业的慈善捐赠行为很可能被利益相关者解读成短视的投机行为而非出于真诚的动机,大大损害慈善捐赠的战略效果,甚至还可能给企业绩效带来负面影响。鉴于此,管理者可以通过改善公司治理、注重研发创新等方式主动展现企业的长期价值导向,提升慈善捐赠工作的有效性,避免陷入短期投机主义的陷阱。

三是正因为利益相关者认知会对企业慈善捐赠的战略效果产生至关重要的影响,管理者还可以考虑在企业中专门成立慈善捐赠管理机构或部门,负责协调和处理利益相关者对企业所提出的要求与期望。设置专职部门是将慈善捐赠纳入企业常态化运营中的一项创新性管理举措,有助于将慈善活动融入企业的日常管理工作,保证社会责任的有效执行。设立专职部门管理企业的慈善捐赠事宜,便于企业对灾害事件和其他突发事件的快速响应,从而避免公众怀疑企业捐赠是经过深思熟虑和反复权衡的结果,降低利益相关者对企业慈善动机进行不利认知的可能性。同时,该部门可以为企业密切与利益相关者之间的关系开辟一条新的渠道,充当两者之间相互联结的纽带,为引导或纠正利益相关者对企业慈善行为的认知与评价搭建一种有效的沟通机制。慈善捐赠专职管理部门可以通过披露企业在处理利益相关者要求和期望上的流程和进展,坦诚相关工作的得失情况,从而取得利益相关者的理解。此外,该部门也可以通过向公众展示其慈善捐赠的细节,包括捐赠目标、捐赠数量以及捐赠的决策过程等,建立与利益相关者之间的相互信任,减少因沟通和交流不畅通而带来各种猜忌和由此引发的潜在冲突。

四是在可见性高的企业中,管理者应当更加重视利益相关者认知的影响。本书的研究结论表明,利益相关者对慈善捐赠的认知形成与动机判断在一定程度上还依赖于企业在利益相关者心目中是否可见。随着可见性的提高,企业更可能进入利益相关者的视线,从而更容易引起利益相关者对该企业及其行为表现的感知。这就意味着,对于那些可见性较高的企业而言,利益相关者认知因素的影响将更为重要,因此这类企业更应注重其低层次社会责任的履行状况以及在长期价值导向方面的表现,保持前后一致性,最大限度地避免公众误读。此外,换个角度来看,如果管理者对于企业慈善捐赠与相关行为表现的一致性充满自信,那么此时企业可以合理运用广告等手段,加强企业的可见性,有助于进一步发挥慈善捐赠的战略效果。企业的相关经营信息经常被曝光,公众的知晓程度提高,企业在利益相关者心目中具有了可见性。当一个企业的可见性不断增加时,它更容易被利益相关者从众多企业中挑出并关注。企业的可见性越高,企业及其行为更可能被利益相关者感知到。广告营销等手段可以大大降低信息不对称的程度,提升企业可见性,使得利益相关者更多地了解到在慈善捐赠、低层次社会责任和长期价值导向方面所付出的努力及取得的成绩,为企业构建更好的利益相关者关系网络,从而最大限度地发挥慈善捐赠的战略效果,帮助企业在如今竞争激烈的市场环境中更好地生存,促进企业的可持续发展。

第三节　研究局限与展望

本书基于利益相关者认知这一独特的研究视角,深入分析了慈善捐赠影响企业绩效的内在机理。囿于研究进程的限制,本书仍存在很多不足之处,而这些不足也正是后续研究新的方向,需要在未来研究中做进一步的探索,不断加以完善。

（1）本书将利益相关者主体的认知纳入研究框架,考虑利益相关者与企业之间的互动性,强调利益相关者对企业行为动机的认知会影响他们对该行为的评价,进而影响该企业行为的效果。但 Godfrey(2005)指出,企业的利益相关者是多元群体,这就意味着利益相关者群体内可能存在多种甚至是相互冲突的立场和价值观,而不同的立场和价值观会形成对企业行为的不同反应。另外,Wood & Jones(1995)研究认为,不同利益相关者群体对企业的重要性程度是不一样的。本书研究过程中对慈善捐赠战略性的探讨集中于一般性利益相关者,相对缺乏对单一利益相关者的细颗粒度分析。鉴于此,后续研究中可以考虑具体分析某个单一利益相关者对企业捐赠效果可能产生怎样的影响,这对于企业处理好与各个利益相关者群体的关系,进一步明晰行为表现一致性的调节效应非常重要。

（2）本书基于怀疑和归因理论,提出利益相关者主要是通过观察企业在相关方面行为表现的一致性来形成对企业慈善动机的认知和识别。但是正如 Weiner(2000)所指出的,归因理论在认知研究中尚未得到充分运用,未来研究可以在现有归因研究相关文献的基础之上挖掘出更多可能会对利益相关者认知形成产生影响的其他因素。例如，Bae & Cameron(2006)研究表明，企业过去的声誉会影响公众对企业慈善捐赠行为的认知。Wang & Choi(2013)认为，企业社会责任表现的持续性将影响利益相关者对企业真实动机的评估。此外，认知者的归因思维也很有可能会受到其自身特征或文化因素的影响（Han & Northoff，2008；Matsumoto et al.，2009）。例如，Sen & Bhattacharya(2001)研究发现，企业社会责任与消费者购买意向之间的关系受到消费者个人特征的调节影响。Yoon et al.(2006)认为，相比于西方文化背景，东亚文化情境下的消费者更加注重历史和情境信息。尤其在当前我国公民意识逐渐增强的经济、社会转型背景下，研究这些特殊因素对认知者认知过程的影响显得非常有意义，这也是未来又一新的研究方向所在。

（3）本书主要探讨了企业可见性这一因素如何对利益相关者动机认知产生深层影响，然而除了企业自身的可见性特征，企业所处行业或区域环境，也可能会造成利益相关者认知上的差异，可以预见，如果在企业所处的行业或区域内，低层次社会责任的履行状况和企业的长期价值导向表现普遍较好，体现为平均水平较高，那么利益相关者的期望就会随之上升，此时企业出现相关行为表现的不一致，利益相关者就会更加敏感，也更容易使他们在认知上形成冲突。拘于研究的聚焦性，本书并未涉及上述内容，这也将作为后续研究的构想与方向。

（4）与诸多别的实证研究一样，本书无法排除实证研究的一些固有缺陷。尽管本书是在充分理论推导的基础上展开实证检验，但实证分析得出的研究结果可能是受多种因素交互作用形成的，而客观上很难有效避免这些因素的干扰。因此，本书的研究结论是否真正反映了或者究竟能够在多大程度上反映慈善捐赠对企业绩效影响机理的真相，这依然是一个有待将来进一步深入探究的问题。后续可以考虑采取问卷研究的方式对本书提出的思路框架进行再检验，不同的研究方法设计可以相互补充，本书虽通过企业与社会内嵌期（2007—2012 年）我国上市公司的面板数据一定程度验证了提出的模型，但这样的结论是否与问卷研究的结论保持内在一致性，仍有待后续研究的响应。

（5）从样本的选择来看，本书研究样本主要来自沪深两市 A 股上市公司，尽管针对上市公司的研究结论对非上市公司也有一定的借鉴意义，但由于我国上市公司往往是那些在行业中业绩比较好的企业，因此，本书研究结论可能受到上市公司所特有因素的影响，未来有必要将研究逐渐拓展到非上市公司。

（6）从变量的度量来看，本书利用二手数据间接测量利益相关者的认知过程，以股息支付水平、依法纳税水平和支付供应商货款及时性水平分别考察企业低层次社会责任中的经济责任、法律责任和道德责任这三个方面，以机构持股和研发投入的表现考察企业是否具有长期价值导向，尽管选取的这些具体指标有较强文献基础的支撑且均做出了翔实的说明，然而反映企业履行低层次社会责任状况以及展现企业长期价值导向的因素可能并不仅限于此，随着数据挖掘的不断深入，后续研究可以尝试选取其他不同的代理变量进一步验证其调节效应。在企业可见性发挥深层调节作用的实证研究中，本书仅选取了广告营销强度这一指标对企业可见性进行度量，实证结果也只支持了关于企业可见性的部分假设，未来研究可以考虑更换其他测量方式，如新闻报道数量等，从不同的角度或层次来反映企业可见性的内在特质，为更准确地验证企业可见性的作用机制奠定基础。此外，目前实验方法已经成为研究企业社会责任的一个新趋势（Moser & Martin，2012），后续研究还可以考虑运用实验设计收集一手数据，对利益相关者的动机认知进行直接测量，以弥补二手数据测量的不足，更好地解决内生性问题以及代理变量的合理性问题，并更透彻地解码本研究中利益相关者认知形成及影响的内在作用机制。

参考文献

[1] 蔡宁，沈奇泰松，吴结兵. 经济理性、社会契约与制度规范：企业慈善动机问题研究综述与扩展 [J]. 浙江大学学报（人文社会科学版），2009，39（2）：64 - 72.

[2] 陈国欣，张梅玉. 营运资本管理与企业绩效关系实证研究 [J]. 现代会计与审计，2009，5（3）：1 - 11.

[3] 陈佳贵，黄群慧，彭华岗，钟宏武. 中国企业社会责任研究报告（2009）[M]. 北京：社会科学文献出版社，2009.

[4] 陈君兰. 信息生态视角下上市公司信息环境研究 [D]. 长沙：湖南大学，2013.

[5] 陈守明，唐滨琪. 高管认知与企业创新投入——管理自由度的调节作用 [J]. 科学学研究，2012，30（11）：1723 - 1734.

[6] 陈晓，陈淑燕. 股票交易量对年报信息的反应研究——来自上海、深圳股市的经验证据 [J]. 金融研究，2001（7）：98 - 105.

[7] 陈迅，韩亚琴. 企业社会责任分级模型及其应用 [J]. 中国工业经济，2005（9）：99 - 105.

[8] 陈支武. 企业慈善捐赠的理论分析与策略探讨 [J]. 当代财经，2008（4）：68 - 72.

[9] 程文莉. 中国企业捐赠的财务保障机制研究 [D]. 成都：西南财经大学，2011.

[10] 戴亦一，潘越，冯舒. 中国企业的慈善捐赠是一种"政治献

金"吗？——来自市委书记更替的证据 [J]. 经济研究，2014，49（2）：74-86.

[11] 丁友刚，宋献中. 政府控制、高管更换与公司业绩 [J]. 会计研究，2011（6）：70-76.

[12] 杜兴强，冯文滔. 女性高管、制度环境与慈善捐赠——基于中国资本市场的经验证据 [J]. 经济管理，2012，34（11）：53-63.

[13] 樊建锋，田志龙. 灾害事件、规模与企业慈善捐助：中国背景 [J]. 山西财经大学学报，2010，32（1）：102-107.

[14] 冯仁涛，张庆，余翔. 商标、广告对企业市场价值的贡献研究——基于医药行业的实证分析 [J]. 管理评论，2013，25（6）：154-160.

[15] 高勇强，陈亚静，张云均."红领巾"还是"绿领巾"：民营企业慈善捐赠动机研究 [J]. 管理世界，2012（8）：106-114.

[16] 葛道顺. 我国企业捐赠的现状和政策选择 [J]. 学习与实践，2007（3）：120-123.

[17] 郭剑花. 实际控制人性质、慈善捐赠与公司业绩 [J]. 广东商学院学报，2013，27（6）：66-74.

[18] 韩振华，任剑峰. 社会调查研究中的社会称许性偏见效应 [J]. 华中科技大学学报（社会科学版），2002，16（3）：47-50.

[19] 何轩，宋丽红，朱沆，李新春. 家族为何意欲放手？——制度环境感知、政治地位与中国家族企业主的传承意愿 [J]. 管理世界，2014（2）：90-101.

[20] 洪金明. 上市公司信息披露质量的经济后果研究 [D]. 北京：财政部财政科学研究所，2011.

[21] 纪建悦，吕帅. 利益相关者满足与企业价值的相关性研究——

基于我国酒店餐饮上市公司面板数据的实证分析 [J]. 中国工业经济，2009（2）：151 - 160.

[22] [美] 加里·贝克尔. 人类行为的经济分析 [M]. 王业宇，陈琪，译. 上海：上海人民出版社，1995.

[23] 贾明，张喆. 高管的政治关联影响公司慈善行为吗？[J]. 管理世界，2010（4）：99 - 113.

[24] 贾生华，陈宏辉. 利益相关者的界定方法述评 [J]. 外国经济与管理，2002，24（5）：13 - 18.

[25] 雷东辉. 信息不对称、权益资本成本与资本市场效率 [D]. 成都：西南财经大学，2007.

[26] 李璐，张婉婷. 研发投入对我国制造类企业绩效影响研究 [J]. 科技进步与对策，2013，30（24）：80 - 85.

[27] 李敬强，刘凤军. 企业慈善捐赠对市场影响的实证研究 [J]. 中国软科学，2010（6）：160 - 166.

[28] 李庆华，胡建政. 企业社会责任与企业竞争优势的关系研究——来自沪深两市上市公司的经验证据 [J]. 科学学与科学技术管理，2011，32（8）：139 - 148.

[29] 李维安，王世权. 利益相关者治理理论研究脉络及其进展探析 [J]. 外国经济与管理，2007，29（4）：10 - 17.

[30] 李维安，王鹏程，徐业坤. 慈善捐赠、政治关联与债务融资——民营企业与政府的资源交换行为 [J]. 南开管理评论，2015，18（1）：4 - 14.

[31] 廖中举. 基于认知视角的企业突发事件预防行为及其绩效研究 [D]. 杭州：浙江大学，2015.

[32] 梁建，陈爽英，盖庆恩. 民营企业的政治参与、治理结构与慈

善捐赠 [J]. 管理世界，2010 (7)：109 - 117.

[33] 刘英. 商业赞助与慈善捐赠对企业形象和产品评价影响的比较研究 [D]. 成都：西南财经大学，2014.

[34] 刘振. CEO 年薪报酬、研发投资强度与公司财务绩效 [J]. 科研管理，2014，35 (12)：129 - 136.

[35] 卢正文，刘春林. 产品市场竞争影响企业慈善捐赠的实证研究 [J]. 管理学报，2011，8 (7)：1067 - 1074.

[36] 卢正文，刘春林. 慈善捐赠对企业绩效影响的研究——基于消费者视角 [J]. 山西财经大学学报，2012，34 (3)：81 - 88.

[37] 卢现祥，李晓敏. 企业捐赠、社会责任与经济动机——基于"5·12 地震"后世界 500 强公司捐赠情况的实证研究 [J]. 经济纵横，2010 (1)：69 - 74.

[38] 毛磊，王宗军，王玲玲. 机构投资者持股偏好、筛选策略与企业社会绩效 [J]. 管理科学，2012，25 (3)：21 - 33.

[39] 潘奇. 企业慈善捐赠的形成机制及其价值机理研究 [D]. 杭州：浙江大学，2011.

[40] 钱丽华，刘春林，林凯. 慈善捐赠、广告营销与企业绩效——考虑行业竞争因素 [J]. 财经理论与实践，2015，36 (03)：107 - 112.

[41] 钱丽华，刘春林，丁慧. 慈善捐赠、广告营销与企业绩效——基于消费者认知视角的分析 [J]. 软科学，2015，29 (08)：97 - 100.

[42] 钱丽华，刘春林，丁慧. 慈善捐赠、利益相关者动机认知与企业绩效——基于 Heckman 二阶段模型的实证研究 [J]. 软科学，2018，32 (05)：63 - 67.

[43] 钱丽华，刘春林，丁慧. 基于财务绩效视角的企业从事慈善活动研究 [J]. 管理学报，2015，12 (04)：602 - 608.

[44] 钱婷，武常岐. 国有企业集团公司治理与代理成本——来自国有上市公司的实证研究 [J]. 经济管理，2016，38（08）：55 - 67.

[45]［美］乔治·斯蒂纳，约翰·斯蒂纳. 企业、政府与社会 [M]. 张志强，译. 北京：华夏出版社，2002.

[46] 阮丽华. 网络广告及其影响研究 [D]. 武汉：华中科技大学，2005.

[47] 沙勇. 我国社会企业评价指标体系研究 [J]. 江苏社会科学，2013（2）：113 - 117.

[48] 山立威，甘犁，郑涛. 公司捐款与经济动机——汶川地震后中国上市公司捐款的实证研究 [J]. 经济研究，2008，43（11）：51 - 61.

[49] 宋丽红. 家族企业更具有长期导向吗？——基于家族控制与传承意愿的实证检验 [J]. 杭州师范大学学报（社会科学版），2012，34（2）：88 - 94.

[50] 眭文娟，张慧玉，车璐. 寓利于义？企业慈善捐赠工具性的实证解析 [J]. 中国软科学，2016，（3）：107 - 129.

[51] 唐松莲，袁春生. 监督或攫取：机构投资者治理角色的识别研究——来自中国资本市场的经验证据 [J]. 管理评论，2010，22（8）：19 - 29.

[52] 田利华，陈晓东. 企业策略性捐赠行为研究：慈善投入的视角 [J]. 中央财经大学学报，2007（2）：58 - 63.

[53] 田雪莹. 企业捐赠非营利组织的行为及竞争优势研究——基于社会资本的视角 [D]. 杭州：浙江大学，2008.

[54] 田雪莹，叶明海，蔡宁. 慈善捐赠行为与企业竞争优势实证分析 [J]. 同济大学学报（自然科学版），2010，38（5）：773 - 778.

[55] 童利忠，张优德. 供应商的竞争及发展策略 [J]. 管理世界，

2001（1）：178-180.

[56]王端旭，潘奇. 企业慈善捐赠带来价值回报吗——以利益相关者满足程度为调节变量的上市公司实证研究[J]. 中国工业经济，2011（7）：118-128.

[57]王倩. 企业社会责任与企业财务绩效的关系研究[D]. 杭州：浙江大学，2014.

[58]王辉. 从"企业依存"到"动态演化"——一个利益相关者理论文献的回顾与评述[J]. 经济管理，2003（2）：29-34.

[59]王曾，符国群，黄丹阳，汪剑锋. 国有企业CEO"政治晋升"与"在职消费"关系研究[J]. 管理世界，2014（5）：157-171.

[60]卫武，夏清华，贺伟，资海喜. 企业的可见性和脆弱性有助于提升对利益相关者压力的认知及其反应吗？——动态能力的调节作用[J]. 管理世界，2013（11）：101-117.

[61]文芳. 研发投资影响因素及其经济后果：基于中国资本市场的理论与实证研究[M]. 北京：经济科学出版社，2009.

[62]温素彬，方苑. 企业社会责任与财务绩效关系的实证研究——利益相关者视角的面板数据分析[J]. 中国工业经济，2008（10）：150-160.

[63]吴风来. 产权所有制性质与企业绩效实证研究[J]. 经济科学，2003（3）：12-19.

[64]吴先聪. 政府干预、机构持股与公司业绩[J]. 管理评论，2012，24（10）：38-66.

[65]肖红军，阳镇. 新中国成立70年来人与组织关系的演变——基于制度变迁的视角[J]. 当代经济科学，2019，41（05）：24-37.

[66]肖红军，阳镇，姜倍宁. 企业公益慈善发展的演化逻辑与未来

展望 [J]. 南京大学学报（哲学·人文科学·社会科学），2020，57
（02）：32-50+158.

[67] 谢佩洪，周祖城. 中国背景下 CSR 与消费者购买意向关系的
实证研究 [J]. 南开管理评论，2009，12 (1)：64-70.

[68] 徐莉萍，辛宇，祝继高. 媒体关注与上市公司社会责任之履
行——基于汶川地震捐款的实证研究 [J]. 管理世界，2011（3）：
135-143.

[69] 徐莉萍，辛宇，陈工孟. 股权集中度和股权制衡及其对公司经
营绩效的影响 [J]. 经济研究，2006 (1)：90-100.

[70] 徐维爽. 新会计准则实施机制研究 [D]. 泰安：山东农业大
学，2008.

[71] 徐雪松. 企业慈善行为研究 [D]. 上海：同济大学，2007.

[72] 徐业坤，钱先航，李维安. 政治不确定性，政治关联与民营企
业投资——来自市委书记更替的证据 [J]. 管理世界，2013（5）：
116-130.

[73] 杨京京. 民营企业政治关联、多元化战略与绩效的关系研
究 [D]. 广州：华南理工大学，2013.

[74] 杨跃. 连锁董事网络与企业绩效关系研究：基于多元化战略选
择的视角 [D]. 杭州：浙江大学，2011.

[75] 姚俊，吕源，蓝海林. 我国上市公司多元化与经济绩效关系的
实证研究 [J]. 管理世界，2005 (11)：119-125.

[76] 叶松勤，徐经长. 机构投资者治理与公司现金持有价值 [J].
经济与管理研究，2013 (8)：15-27.

[77] 游士兵，黄柄南. 企业捐赠行为对消费者购买意愿的影响研
究 [J]. 统计研究，2009，26 (11)：56-60.

[78] 易冰娜. 慈善捐赠与企业绩效及价值——基于我国民营企业的实证研究 [D]. 长沙：中南大学，2012.

[79] 张广玲，黄慧化，郭志贤. 企业慈善行为（捐款和捐时）对消费者行为意向的影响研究 [J]. 武汉大学学报（哲学社会科学版），2008，61（6）：868-872.

[80] 张红星，贾彦东. Panel Data 模型设定的新思路——固定效应与随机效应的统一 [J]. 数量经济技术经济研究，2006，23（6）：148-154.

[81] 张建君. 竞争—承诺—服从：中国企业慈善捐款的动机 [J]. 管理世界，2013（9）：118-143.

[82] 张旭，宋超，孙亚玲. 企业社会责任与竞争力关系的实证分析 [J]. 科研管理，2010，31（3）：149-157.

[83] 张媛春，邹东海. 控股股东更换是否会提高公司绩效——基于中国上市公司的经验研究 [J]. 山西财经大学学报，2011，33（1）：88-93.

[84] 郑杲娉，徐永新. 慈善捐赠、公司治理与股东财富 [J]. 南开管理评论，2011，14（2）：92-101.

[85] 钟宏武. 慈善捐赠与企业绩效 [M]. 北京：经济管理出版社，2007.

[86] 周秋光. 中国近代慈善论稿 [M]. 北京：人民出版社，2010.

[87] 周秋光，曾桂林. 中国慈善简史 [M]. 北京：人民出版社，2006.

[88] 周延风，罗文恩，肖文建. 企业社会责任行为与消费者响应——消费者个人特征和价格信号的调节 [J]. 中国工业经济，2007（3）：62-69.

［89］朱翊敏，颜宏忠. 消费者对企业捐赠行为的评价：企业声誉及捐赠类型的影响［J］. 华东经济管理，2010，24（6）：116-121.

［90］朱金凤，杨鹏鹏. 公司慈善行为提升企业价值吗？——基于面板数据模型的实证研究［J］. 经济管理，2011，12（33）：52-58.

［91］朱金凤，赵红建. 慈善捐赠会提升企业财务绩效吗？——来自沪市 A 股上市公司的实证检验［J］. 会计之友，2010（4）：84-87.

［92］朱启红. 信息差异化模型和形成机理研究［D］. 上海：上海交通大学，2009.

［93］Aaker D A. Advertising Management［M］. Englewood Cliffs：Prentice-Hall，1992.

［94］Adams M, Hardwick P. An Analysis of Corporate Donations：United Kingdom Evidence［J］. Journal of Management Studies，1998，35（5）：641-654.

［95］Agrawal A, Knoeber C R. Firm Performance and Mechanisms to Control Agency Problems between Managers and Shareholders［J］. Journal of Financial and Quantitative Analysis，1996，31（3）：377-397.

［96］Aguilera R V, Rupp D E, Williams C A, Ganapathi J. Putting the S Back in Corporate Social Responsibility：A Multilevel Theory of Social Change in Organizations［J］. Academy of Management Review，2007，3（32）：836-863.

［97］Aiken L S, West S G. Multiple Regression：Testing and Interpreting Interactions［M］. Newbury Park，CA：Sage，1991.

［98］Akerlof G A. The Market for "Lemons"：Quality Uncertainty and the Market Mechanism［J］. The Quarterly Journal of Economics，

1970，84（3）：488-500.

[99] Ashforth B E，Mael F. Social Identity Theory and the Organization [J]. Academy of Management Review，1989，14（1）：20-39.

[100] Atkinson L，Glaskiewicz J. Stock Ownership and Company Contributions to Charity [J]. Administrative Sciences Quarterly，1988，33（1）：82-100.

[101] Aupperle K E，Carroll A B，Hatfield J D. An Empirical Examination of the Relationship between Corporate Social Responsibility and Profitability [J]. Academy of Management Journal，1985，28（2）：446-463.

[102] Backhaus K，Stone B A，Heiner K. Exploring the Relationship between CorporateSocial Performance and Employer Attractiveness [J]. Business & Society，2002，41（3）：292-318.

[103] Bae J，Cameron G T. Conditioning Effect of Prior Reputation on Perception of Corporate Giving [J]. Public Relations Review，2006，32（2）：144-150.

[104] Balotti R F，Hanks J J. Giving at the Office：A Reappraisal of Charitable Contributions by Corporations [J]. Business Lawyer，1999，54（3）：956-996.

[105] Barone M J，Norman A T，Miyazaki A D. Consumer Response to Retailer Use of Cause-Related Marketing：Is More Fit Better? [J]. Journal of Retailing，2007，83（4）：437-445.

[106] Barron D. Private Politics，Corporate Social Responsibility and Integrated Strategy [J]. Journal of Economics and Management

Strategy, 2001, 10 (1): 7 - 45.

[107] Bar-Tel D. Pro-Social Behavior: Theory and Research [M]. Washington DC: Hemisphere Publishing Company, 1976.

[108] Bauer T N, Aiman-Smith L. Green Career Choices, the Influences of Ecological Stance on Recruiting [J]. Journal of Business and Psychology, 1996, 10 (4): 445 - 458.

[109] Becker G S. The Economic Approach to Human Behavior [M]. Chicago: University of Chicago Press, 1976.

[110] Berman S L, Wicks A C, Kotha S, Johns T M. Does Stakeholder Orientation Matter? The Relationship between Stakeholder Management Models and Firm Financial Performance [J]. Academy of Management Journal, 1999, 42 (5): 488 - 506.

[111] Bhattacharya C B, Sen S. Doing Better at Doing Good: When, Why and How Consumers Respond to Corporate Social Initiatives [J]. California Management Review, 2004, 47 (1): 9 - 24.

[112] Blair M M. Ownership and Control: Rethinking Corporate Governance for the Twenty-First Century [M]. Washington DC: Brookings Institution Press, 1995.

[113] Block J, Thams A. Long-Term Orientation in Family Firms: A Bayesian Analysis of R&D Spending [A]. Best Paper Proceedings of the 68th Annual Meeting of the Academy of Management [C]. Anaheim, CA: Academy of Management, 2008.

[114] Boatsman J R, Gupta S. Taxes and Corporate Charity: Empirical Evidence from Micro Level Panel Data [J]. National Tax Journal, 1996, 49 (2): 193 - 213.

[115] Boulding W, Morgan R, Staelin R. Pulling the Plug to Stop the New Product Drain [J]. Journal of Marketing Research, 1997, 34 (1): 164 - 176.

[116] Bradley M, Schipani C A, Sundaram A K, Walsh J P. The Purposes and Accountability of the Corporation in Contemporary Society: Corporate Governance at Crossroads [J]. Law and Contemporary Problems, 1999, 62 (3): 9 - 86.

[117] Brammer S, Pavelin S. Corporate Reputation and an Insurance Motivation for Corporate Social Investment [J]. Journal of Corporate Citizenship, 2005 (20): 39 - 51.

[118] Brammer S, Millington A. Corporate Reputation and Philanthropy: An Empirical Analysis [J]. Journal of Business Ethics, 2005, 61 (1): 29 - 44.

[119] Brammer S, Millington A. Does It Pay to Be Different? An Analysis of the Relationship between Corporate Social and Financial Performance [J]. Strategic Management Journal, 2008, 29 (12): 1325 -1343.

[120] Branco M, Rodrigues L. Corporate Social Responsibility and Resource-Based Perspectives [J]. Journal of Business Ethics, 2006, 69 (2): 111 - 132.

[121] Brown T, Dacin P A. The Company and the Product: Corporate Association and Consumer Product Responses [J]. Journal of Marketing, 1997, 61 (1): 68 - 84.

[122] Brown W O, Helland E, Smith J K. Corporate Philanthropic Practices [J]. Journal of Corporate Finance, 2006, 12 (5): 855 - 877.

[123] Buckholtz A K, Amason A C, Rutherford M A. Beyond Resources: The Mediating Effects of Top Management Discretion and Values on Corporate Philanthropy [J]. Business & Society, 1999, 38 (2): 167 - 187.

[124] Burt R. Corporate Philanthropy as a Cooptive Relation [J]. Social Forces, 1983, 62 (2): 419 - 449.

[125] Campbell L, Gulas S, Gruca S. Corporate Giving Behavior and Decision-Maker Social Consciousness [J]. Journal of Business Ethics, 1999, 19 (4): 375 - 383.

[126] Campbell J L. Why Would Corporations Behave in Socially Responsible Ways? An Institutional Theory of Corporate Social Responsibility [J]. Academy of Management Review, 2007, 32 (3): 946 - 967.

[127] Capon N, Farley U, Hoenig S. Determinants of Financial Performance: A Meta-Analysis [J]. Management Science, 1990, 36 (10): 1143 - 1159.

[128] Carroll A B. A Three-Dimensional Conceptual Model of Corporate Performance [J]. Academy of Management Review, 1979, 4 (4): 497 - 505.

[129] Carroll A B. Corporate Social Responsibility Evolution of a Definitional Construct [J]. Business & Society, 1999, 38 (3): 268 - 295.

[130] Carroll A B. The Pyramid of Corporate Social Responsibility: Toward the Moral Management of Organizational Stakeholders [J]. Business Horizons, 1991, 34 (4): 39 - 48.

[131] Chen C, Patten M, Roberts W. Corporate Charitable Contributions: A Corporate Social Performance or Legitimacy Strategy? [J]. Journal of Business Ethics, 2008, 82 (1): 131 - 144.

[132] Clark B H, Montgomery D B. Deterrence, Reputations, and Competitive Cognition [J]. Management Science, 1998, 44 (1): 62 - 82.

[133] Clarkson M. A Stakeholder Framework for Analyzing and Evaluating Corporate Social Performance [J]. Academy of Management Review, 1995, 20 (1): 92 - 117.

[134] Clemens B W, Douglas T J. Understanding Strategic Responses to Institutional Pressures [J]. Journal of Business Research, 2005, 58 (9): 1205 - 1213.

[135] Collins M. Global Corporate Philanthropy-Marketing Beyond the Call of Duty? [J]. European Journal of Marketing, 1993, 27 (2): 46 - 58.

[136] Collins M. Global Corporate Philanthropy and Relationship Marketing [J]. European Management Journal, 1994, 12 (2): 226 - 233.

[137] Cornett M, Marcus A, Saunders A, Tehranian H. The Impact of Institutional Ownership on Corporate Operating Performance [J]. Journal of Banking & Finance, 2007, 31 (6): 1771 - 1794.

[138] Cornwell T B, Coote L V. Corporate Sponsorship of a Cause: The Role of Identification in Purchase Intent [J]. Journal of Business Research, 2005, 58 (3): 268 - 276.

[139] Cowton C J. Corporate Philanthropy in the United Kingdom

[J]. Journal of Business Ethics, 1987, 6 (7): 553 – 558.

[140] Crampton W, Patten D. Social Responsiveness, Profitability and Catastrophic Events: Evidence on the Corporate Philanthropic Response to 9/11 [J]. Journal of Business Ethics, 2008, 81 (4): 863 – 873.

[141] Creyer E, Ross W T. The Influence of Firm Behavior on Purchase Intention: Do Consumers Really Care about Business Ethics? [J]. Journal of Consumer Marketing, 1997, 14 (6): 421 – 432.

[142] Donaldson T, Preston L E. The Stakeholder Theory of the Corporation: Concepts, Evidence and Implications [J]. Academy of Management Review, 1995, 20 (1): 65 – 91.

[143] Donaldson T, Dunfee T W. Ties That Bind: A Social Contracts Approach to Business Ethics [M]. Boston: Harvard Business School Press, 1999.

[144] Du X, Jian W, Du Y, Feng W, Zeng Q. Religion, the Nature of Ultimate Owner, and Corporate Philanthropic Giving: Evidence from China [J]. Journal of Business Ethics, 2014, 123 (2): 235 – 256.

[145] Dutton J E, Dukerich J M, Harquail C V. Organizational Images and Member Identification [J]. Administrative Science Quarterly, 1994, 39 (2): 239 – 263.

[146] Ellen P S, Mohr L A, Webb D J. Charitable Programs and the Retailer: Do They Mix? [J]. Journal of Retailing, 2000, 76 (3): 393 – 406.

[147] Estrin S, Perotin V. Does Ownership Always Matter? [J].

International Journal of Industrial Organization，1991，9（1）：55-72.

［148］Fein S，Hilton J L. Judging Others in the Shadow of Suspicion ［J］. Motivation and Emotion，1994，18（2）：167-198.

［149］Fein S，Hilton J L，Miller D T. Suspicion of Ulterior Motivation and the Correspondence Bias ［J］. Journal of Personality and Social Psychology，1990，58（5）：753-764.

［150］File K M，Prince R A. Cause-Related Marketing and Corporate Philanthropy in the Privately Held Enterprise ［J］. Journal of Business Ethics，1998，17（14）：1529-1539.

［151］Fombrun C，Shanley M. What's in a Name? Reputation Building and Corporate Strategy ［J］. Academy of Management Journal，1990，33（2）：233-258.

［152］Fombrun C，Gardberg N A，Barnett M L. Opportunity Platforms and Safety Nets：Corporate Citizenship and Reputational Risk ［J］. Business and Society Review，2000，105（1）：85-106.

［153］Freeman R E. Strategic Management：A Stakeholder Approach ［M］. Cambridge：Cambridge University Press，1984.

［154］Freeman R，Evan W. Corporate Governance：A Stakeholder Interpretation ［J］. Journal of Behavioral Economics，1990（19）：337-359.

［155］Friedman M. The Social Responsibility of Business is to Increase Its Profits ［J］. New York Times Magazine，1970，9（13）：122-126.

［156］Fritzsche D J. Personal Values：Potential Keys to Ethical Decision Making ［J］. Journal of Business Ethics，1995，14（11）：

909 - 922.

[157] Froomann J. Socially Irresponsible and Illegal Behavior and Shareholder Wealth: A Meta-Analysis of Event Studies [J]. Business & Society, 1997, 36 (3): 221 - 249.

[158] Fry L W, Keim G D, Meiners R E. Corporate Contributions: Altruistic or For-Profit? [J]. Academy of Management Journal, 1982, 25 (1): 94 - 106.

[159] Fryxell G E, Wang J. The Fortune Corporate Reputation Index: Reputation for What? [J]. Journal of Management, 1994, 20 (1): 1 - 14.

[160] Galaskiewicz J. An Urban Grants Economy Revisited: Corporate Charitable Contributions in the Twin Cities, 1979 - 81, 1987 - 89 [J]. Administrative Science Quarterly, 1997, 42 (3): 445 - 471.

[161] Galaskiewicz J, Burt R S. Interorganization Contagion in Corporate Philanthropy [J]. Administrative Science Quarterly, 1991, 36 (1): 88 - 105.

[162] Gan A. The Impact of Public Scrutiny on Corporate Philanthropy [J]. Journal of Business Ethics, 2006, 69 (3): 217 - 236.

[163] Gautier A, Pache A C. Research on Corporate Philanthropy: A Review and Assessment [J]. Journal of Business Ethics, 2015, 126 (3): 343 - 369.

[164] Gillan S L, Starks L T. Corporate Governance Proposals and Shareholder Activism: The Role of Institutional Investors [J]. Journal of Financial Economics, 2000, 57 (2): 275 - 305.

[165] Ginsberg A，Venkatraman N. Contingency Perspectives of Organizational Strategy：A Critical Review of the Empirical Research [J]. Academy of Management Review，1985，10（3）：421 - 434.

[166] Godfrey P C. The Relationship between Corporate Philanthropy and Shareholder Wealth：A Risk Management Perspective [J]. Academy of Management Review，2005，30（4）：777 - 798.

[167] Graves B，Waddock S. Institutional Owners and Corporate Social Performance [J]. The Academy of Management Journal，1994，37（4）：1034 - 1046.

[168] Greening D，Turban D. Corporate Social Performance as a Competitive Advantage in Attracting Quality Workforce [J]. Business and Society，2000，39（3）：254 - 280.

[169] Gregory J R. Does Corporate Reputation Provide a Cushion to Companies Facing Market Volatility? Some Supportive Evidence [J]. Corporate Reputation Review，1998，1（3）：88 - 290.

[170] Griffin J J，Mahon J F. The Corporate Social Performance and Corporate Financial Performance Debate：Twenty-Five Years of Incomparable Research [J]. Business Society，1997，36（1）：5 - 31.

[171] Griffin J J. Corporate Restructurings：Ripple Effects on Corporate Philanthropy [J]. Journal of Public Affairs，2004，4（1）：27 - 43.

[172] Hall R. The Strategic Analysis of Intangible Resources [J]. Strategic Management Journal，1992，13（2）：135 - 144.

[173] Haley U. Corporate Contributions as Managerial Masques：Reframing Corporate Contributions as Strategies to Influence Society

[J]. Journal of Management Study, 1991, 28 (5): 485 – 509.

[174] Hamilton T. Beyond Market Signals: Negotiating Marketplace Politics and Corporate Responsibilities [J]. Economic Geography, 2013, 89 (3): 285 – 307.

[175] Hayek F A. Individualism and Economic Order [M]. Chicago: University of Chicago Press, 1948.

[176] Hemingway C A, Maclagan P W. Managers' Personal Values as Drivers of Corporate Social Responsibility [J]. Journal of Business Ethics, 2004, 50 (1): 33 – 44.

[177] Hempel J, Gard L. The Corporate Givers [J]. Business Week, 2004, 29 (11): 100 – 104.

[178] Hess D, Rogovsky N, Dunfee T W. The Next Wave of Corporate Community Involvement: Corporate Social Initiatives [J]. California Management Review, 2002, 44 (2): 110 – 125.

[179] Hill C W L, Jones T M. Stakeholder Agency Theory [J]. Journal of Management Studies, 1992, 29 (2): 131 – 154.

[180] Hillman A J, Keim, G D. Stakeholder Value, Stakeholder Management, and Social Issues: What's The Bottom Line? [J]. Strategic Management Journal, 2001, 22 (2): 125 – 139.

[181] Hong J W, Zinkhan G M. Self-Concept and Advertising Effectiveness: The Influence of Congruency, Conspicuousness, and Response Mode [J]. Psychology & Marketing, 1995, 12 (1): 53 – 77.

[182] Hull C E, Rothenberg S. Firm Performance: The Interactions of Corporate Social Performance with Innovation and Industry Differentiation [J]. Strategic Management Journal, 2008, 29

(7)：781－789.

[183] Hsiao C. Benefits and Limitations of Panel Data [J]. Econometric Reviews，1985，4 (1)：121－174.

[184] Hsu G，Hannan M T. Identities，Genres，and Organizational Forms [J]. Organization Science，2005，16 (5)：474－490.

[185] James D W，Carter S M. The CEO's Influence on Corporate Foundation Giving [J]. Journal of Business Ethics，2002，40 (1)：47－60.

[186] Jensen M，Meckling W. Theory of the Firm：Managerial Behavior，Agency Costs and Ownership Structure [J]. Journal of Financial Economics，1976，3 (4)：305－360.

[187] Jensen M. The Modern Industrial Revolution，Exit and the Failure of Internal Control Systems [J]. The Journal of Finance，1993，48 (3)：831－880.

[188] Jensen M. Value Maximization，Stakeholder Theory and the Corporate Objective Function [J]. European Financial Management，2001，7 (3)：297－317.

[189] Johnson O. Corporate Philanthropy：An Analysis of Corporate Contributions [J]. Journal of Business，1966，39 (4)：489－504.

[190] Johnson J L，Martin K D，Saini A. Strategic Culture and Contextual Factors as Determinants of Anomie in Publicly-Traded and Privately-Held Firms [J]. Business Ethics Quarterly，2011，21 (3)，473－502.

[191] Jones T M. Instrumental Stakeholder Theory：A Synthesis of Ethics and Economics [J]. Academy of Management Review，1995，

20 (2): 404 - 437.

[192] Julian S D, Ofori-Dankwa J C, Justis R T. Understanding Strategic Responses to Interest Group Pressures [J]. Strategic Management Journal, 2008, 29 (9): 963 - 984.

[193] Kandemir D, Acur N. Examining Proactive Strategic Decision-Making Flexibility in New Product Development [J]. Journal of Product Innovation Management, 2012, 29 (4): 608 - 622.

[194] Kang J. The Relationship between Corporate Diversification and Corporate Social Performance [J]. Strategic Management Journal, 2013, 34 (1): 94 - 109.

[195] Keller K L. Conceptualizing, Measuring, and Managing Customer-Based Brand Equity [J]. Journal of Marketing, 1993, 57 (1): 1 - 22.

[196] Kim Y, Joo J. The Moderating Effect of Product Market Competition in the Relationship Between Advertising Expenditures and Sales [J]. Journal of Applied Business Research, 2013, 29 (4): 1061 - 1076.

[197] Korten D C. When Corporations Rule the World [M]. West Hartford, CT: Kumarian Press, 1996.

[198] Konar S, Cohen M. Does the Market Value Environmental Performance? [J]. Review of Economics and Statistics, 2001, 83 (2): 281 - 289.

[199] Kulik T, Ambrose M L. Personal and Situational Determinants of Referent Choice [J]. Academy of Management Review, 1992, 17 (2): 212 - 237.

[200] Lee Y, Choi J, Moon B, Babin B J. Codes of Ethics, Corporate Philanthropy, and Employee Responses [J]. International Journal of Hospitality Management, 2014, 39: 97 - 106.

[201] Lev B, Petrovits C, Radhakrishnan S. Is Doing Good for You? How Corporate Charitable Contributions Enhance Revenue Growth [J]. Strategic Management Journal, 2010, 31 (2): 182 - 200.

[202] Lenway S A, Rehbein K. Leaders, Followers and Free Riders: An Empirical Test of Variation in Corporate Political Involvement [J]. Academy of Management Review, 1991, 34 (4): 893 - 905.

[203] Liket K, Maas K. Strategic Philanthropy: Corporate Measurement of Philanthropic Impacts as a Requirement for a "Happy Marriage" of Business and Society [J]. Business & Society, 2016, 55 (6): 889 - 921.

[204] Logsdon J M, Wood D J. Business Citizenship: From Domestic to Global Level of Analysis [J]. Business Ethics Quarterly, 2002, 12 (2): 155 - 187.

[205] Lu J, Liang X, Wang H. Geographical Influences on the Relationship Between Corporate Philanthropy and Corporate Financial Performance [J]. Regional Studies, 2020, 54 (5): 660 - 676.

[206] Luo X, Bhattacharya C. Corporate Social Responsibility, Customer Satisfaction and Market Value [J]. Journal of Marketing, 2006, 70 (10): 1 - 18.

[207] Lumpkin G T, Brigham K H, Moss T W. Long-Term Orientation: Implication for the Entrepreneurial Orientation and

Performance of Family Businesses [J]. Entrepreneurship & Regional Development, 2010, 22 (3 - 4): 241 - 264.

[208] Margolis J D, Walsh J P. Misery Loves Companies: Rethinking Social Initiatives by Business [J]. Administrative Science Quarterly, 2003, 48 (2): 268 - 305.

[209] Margolis J D, Walsh J P. People and Profits: The Search for a Link between a Company's Social and Financial Performance [M]. Mahwah, NJ: Lawrence Erlbaum Associates, 2001.

[210] Marin L, Ruiz S, Rubio A. The Role of Identity Salience in the Effects of Corporate Social Responsibility on Consumer Behavior [J]. Journal of Business Ethics, 2009, 84 (1): 65 - 78.

[211] Marsden C. The New Corporate Citizenship of Big Business: Part of the Solution to Sustainability [J]. Business and Society Review, 2000, 105 (1): 9 - 25.

[212] Mcelroy K M, Siegfried J J. The Community Influence on Corporate Contributions [J]. Public Finance Quarterly, 1986, 14 (4): 394 - 414.

[213] McWilliams A, Siegel D. Corporate Social Responsibility and Financial Performance: Correlation or Misspecification? [J]. Strategic Management Journal, 2000, 26 (5): 603 - 609.

[214] McWilliams A, Siegel D. Corporate Social Responsibility: A Theory of the Firm Perspective [J]. Academy of Management Review, 2001, 26 (1): 117 - 127.

[215] Meenaghan T. The Role of Advertising in Brand Image Development [J]. Journal of Product & Brand Management, 1995, 4

（4）：23－34.

［216］Menon S, Kahn B E. Corporate Sponsorships of Philanthropic Activities: When Do They Impact Perception of Sponsor Brand? ［J］. Journal of Consumer Psychology, 2003, 13 （3）：316－327.

［217］Miller D, Le Breton-Miller I. Managing for the Long Run: Lessons in Competitive Advantage from Great Family Businesses ［M］. Boston, MA: Harvard Business School Press, 2005.

［218］Mitchell R K, Agle A R, Wood D J. Toward a Theory of Stakeholder Identification and Salience: Defining the Principle of Who or What Really Counts ［J］. Academy of Management Review, 1997, 22 （4）：853－886.

［219］Mishina Y, Dykes B J, Block E S, Pollock T G. Why "Good" Firms Do Bad Things: The Effects of High Aspirations, High Expectations, and Prominence on the Incidence of Corporate Illegality ［J］. Academy of Management Journal, 2010, 53 （4）：701－722.

［220］Mohr L A, Webb D J. The Effects of Corporate Social Responsability and Price on Consumer Responses ［J］. The Journal of Consumer Affairs, 2005, 39 （1）：121－147.

［221］Moon J, Crane A, Matten D. Can Corporations Be Citizens? Corporate Citizenship as a Metaphor for Business Participation in Society ［J］. Business Ethics Quarterly, 2005, 15 （3）：429－454.

［222］Moser D V, Martin P R. A Broader Perspective on Corporate Social Responsibility Research in Accounting ［J］. The Accounting Review, 2012, 87 （3）：797－806.

［223］Mukherjee D, Makarius E E, Stevens C E. Business Group

Reputation and Affiliates' Internationalization Strategies [J]. Journal of World Business, 2018, 53 (2): 93 - 103.

[224] Muller A, Kräussl R. Do Markets Love Misery? Stock Prices and Corporate Philanthropic Disaster Response [R]. CFS Working Paper No. 2008/10.

[225] Muller A, Whiteman G. Exploring the Geography of Corporate Philanthropic Disaster Response: A Study of Fortune Global 500 Firms [J]. Journal of Business Ethics, 2009, 84 (4): 589 - 603.

[226] Murray K, Montanari J. Strategic Management of the Socially Responsible Firm: Integrating Management and Marketing Theory [J]. Academy of Management Review, 1986, 11 (4): 815 - 827.

[227] Navarro P. Why Do Corporations Give to Charity? [J]. Journal of Business, 1988, 61 (1): 65 - 93.

[228] Neiheisel S R. Corporate Strategy and the Politics of Goodwill: A Political Analysis of Corporate Philanthropy in America [M]. New York: Peter Lang, 1994.

[229] Neubaum D O, Zahra S A. Institutional Ownership and Corporate Social Performance: The Moderating Effects of Investment Horizon, Activism, and Coordination [J]. Journal of Management, 2006, 32 (1): 108 - 131.

[230] Orlitzky M, Schmidt F L, Rynes S L. Corporate Social and financial Performance: A Meta-Analysis [J]. Organization Studies, 2003, 24 (3): 403 - 441.

[231] O'Toole J. The Executive's Compass [M]. New York:

Oxford University Press, 1993.

[232] Padgett R C, Galan J I. The Effect of R&D Intensity on Corporate Social Responsibility [J]. Journal of Business Ethics, 2010, 93 (3): 407 - 418.

[233] Patten M. Does the Market Value Corporate Philanthropy? Evidence from the Response to the 2004 Tsunami Relief Effort [J]. Journal of Business Ethics, 2008, 81 (3): 599 - 607.

[234] Payton R L, Moody M P. Understanding Philanthropy: Its Meaning and Mission [M]. Bloomington and Indianapolis: Indiana University Press, 2008.

[235] Pollock T G, Gulati R. Standing Out from the Crowd: The Visibility-Enhancing Effects of IPO-Related Signals on Alliance Formation by Entrepreneurial Firms [J]. Strategic Organization, 2007, 5 (4): 339 - 372.

[236] Pollock T G, Rindova V P. Media Legitimation Effects in the Market for Initial Public Offerings [J]. Academy of Management Journal, 2003, 46 (5): 631 - 642.

[237] Pollock T G, Rindova V P, Maggitti P G. Market Watch: Information and Availability Cascades among the Media and Investors in the US IPO Market [J]. Academy of Management Journal, 2008, 51 (2): 335 - 358.

[238] Porter M E, Kramer M R. The Competitive Advantage of Corporate Philanthropy [J]. Harvard Business Review, 2002, 80 (12): 56 - 69.

[239] Poterba J M, Summers L. A CEO Survey of U. S.

Companies' Time Horizons and Hurdle Rates [J]. Sloan Management Review, 1995, 37 (1): 43 - 53.

[240] Post J E, Waddock S A. Strategic Philanthropy and Partnerships for Economic Progress [A]. America R F. Philanthropy and Economic Development [C]. Westport, CT: Greenwood Press, 1995.

[241] Pracejus J W, Olsen G D. The Role of Brand/Cause Fit in the Effectiveness of Cause-Related Marketing Campaigns [J]. Journal of Business Research, 2004, 57 (6): 635 - 640.

[242] Preston L E, O'Bannon D P. The Corporate Social-Financial Performance Relationship: A Typology and Analysis [J]. Business and Society, 1997, 36 (4): 419 - 429.

[243] Ramasamy B, Yeung M. Chinese Consumers' Perception of Corporate Social Responsibility [J]. Journal of Business Ethics, 2009, 88 (S1): 119 - 132.

[244] Reilly B J, Kyj M J. Corporate citizenship [J]. Review of Business, 1994, 16 (1): 37 - 43.

[245] Rifon N J, Choi S M, Trimble C, Li H R. Congruence Effects in Sponsorship: The Mediating Role of Sponsor Credibility and Consumer Attributions of Sponsor Motive [J]. Journal of Advertising, 2004, 33 (1): 29 - 42.

[246] Rindova V, Fombrun C J. Constructing Competitive Advantage: The Role of firm Constituent Interactions [J]. Strategic Management Journal, 1999, 20 (8): 691 - 710.

[247] Rindova V P, Williamson I O, Petkova A P, Sever J M.

Being Good or Being Known: An Empirical Examination of the Dimensions, Antecedents, and Consequences of Organizational Reputation [J]. Academy of Management Journal, 2005, 48 (6): 1033 - 1049.

[248] Roberts P W, Dowling G R. Corporate Reputation and Sustained Superior Financial Performance [J]. Strategic Management Journal, 2002, 23 (12): 1077 - 1093.

[249] Roman R M, Hayibor S, Agle B R. The Relationship between Social and Financial Performance: Repainting a Portrait [J]. Business & Society, 1999, 38 (1): 109 - 125.

[250] Rowley T, Berman S. A Brand New Brand of Corporate Social Performance [J]. Business & Society, 2000, 39 (4): 397 - 418.

[251] Russo M V, Fouts P A. A Resource-Based Perspective on Corporate Environmental Performance and Profitability [J]. Academy of Management Journal, 1997, 40 (3): 534 - 559.

[252] Saiia D H, Carroll A B, Buchholtz A K. Philanthropy as Strategy: When Corporate Giving "Begins at Home" [J]. Business & Society, 2003, 42 (2): 169 - 201.

[253] Schuler D A, Cording M. A Corporate Social Performance—Corporate Financial Performance Behavioral Model for Consumers [J]. Academy of Management Review, 2006, 31 (3): 540 - 558.

[254] Schmalensee R. Do Markets Differ Much? [J]. American Economic Review, 1985, 75 (3): 341 - 351.

[255] Schneiberg M. Political and Institutional Conditions for Governance by Association: Private Order and Price Controls in

American Fire Insurance [J]. Politics and Society, 1999, 27 (1): 67 – 103.

[256] Seifert B, Morris S A, Bartkus B R. Having, Giving, and Getting: Slack Resources, Corporate Philanthropy, and Firm Financial Performance [J]. Business Society, 2004, 43 (2): 135 – 161.

[257] Sen S, Bhattacharya C B. Does Doing Good Always Lead to Doing Better? Consumer Reactions to Corporate Social Responsibility [J]. Journal of Marketing Research, 2001, 38 (2): 225 – 243.

[258] Sen A. Economics Business Principles and Moral Sentiments [J]. Business Ethics Quarterly, 1997, 7 (3): 5 – 15.

[259] Smith K G, Grimm C M. A Communication-Information Model of Competitive Response Timing [J]. Journal of Management, 1991, 17 (1): 5 – 23.

[260] Spence A M. Market Signaling: Informational Transfer in Hiring and Related Screening Processes [M]. Cambridge, MA: Harvard University Press, 1974.

[261] Sternberg E. The Defects of Stakeholder Theory [J]. Corporate Governance, 1997, 5 (1): 3 – 10.

[262] Su J, He J. Does Giving Lead to Getting? Evidence from Chinese Private Enterprises [J]. Journal of Business Ethics, 2010, 93 (1): 73 – 90.

[263] Swanson D L. Addressing a Theoretical Problem by Reorienting the Corporate Social Performance Model [J]. Academy of Management Review, 1995, 20 (1): 43 – 64.

[264] Szykman L R, Bloom P N, Blazing J. Does Corporate

Sponsorship of a Socially-Oriented Message Make a Difference? An Investigation of the Effects of Sponsorship Identity on Responses to an Anti-Drinking and Driving Message [J]. Journal of Consumer Psychology, 2004, 14 (1 - 2): 13 - 20.

[265] Tan J, Peng M W. Organizational Slack and Firm Performance during Economic Transitions: Two Studies from an Emerging Economy [J]. Strategic Management Journal, 2003, 24 (13): 1249 - 1263.

[266] Teoh S H, Welch I, Wazzan C P. The Effect of Socially Activist Investment Policies on the Financial Markets: Evidence from the South African Boycott [J]. Journal of Business, 1999, 72 (1): 35 - 89.

[267] Turban D B, Greening D W. Corporate Social Performance and Organizational Attractiveness to Prospective Employees [J]. Academy of Management Journal, 1996, 40 (3): 658 - 672.

[268] Ullmann A A. Data in Search of a Theory: A Critical Examination of the Relationship among Social Performance, Social Disclosure, and Economic Performance [J]. Academy of Management Review, 1985, 10 (1): 540 - 551.

[269] Useem M. Market and Institutional Factors in Corporate Contributions [J]. California Management Review, 1988, 30 (2): 77 - 88.

[270] Utama S, Cready W. Institutional Ownership, Differential Predisclosure and Trading Volume at Announcement Dates [J]. Journal of Accounting & Economics, 1997, 24 (2): 129 - 150.

[271] Waddock S A, Graves S B. The Corporate Social Performance—Financial Performance Link [J]. Strategic Management Journal, 1997, 18 (4): 303 - 319.

[272] Wang H, Choi J, Li J. Too Little or Too Much? Untangling the Relationship between Corporate Philanthropy and Firm Financial Performance [J]. Organization Science, 2008, 19 (1): 143 - 159.

[273] Wang H, Qian C. Corporate Philanthropy and Corporate Financial Performance: The Role of Stakeholder Response and Political Access [J]. Academy of Management Journal, 2011, 54 (6): 1159 - 1181.

[274] Wang T, Bansal P. Social Responsibility in New Ventures: Profiting from a Long-Term Orientation [J]. Strategic Management Journal, 2012, 33 (10): 1135 - 1153.

[275] Weiner B. Attributional Thoughts about Consumer Behavior [J]. Journal of Consumer Research, 2000, 27 (3): 382 - 387.

[276] Werbel J D, Carter S M. The CEO's Influence on Corporate Foundation Giving [J]. Journal of Business Ethics, 2002, 40 (1): 47 - 60.

[277] Werbel J, Wortman M. Strategic Philanthropy: Responding to Negative Portrayals of Corporate Social Responsibility [J]. Corporate Reputation Review, 2000, 3 (2): 124 - 126.

[278] Williams R, Barret J D. Corporate Philanthropy, Criminal Activity and Firm Reputation: Is There a Link?   [J]. Journal of Business Ethics, 2000, 26 (4): 341 - 350.

[279] Williamson O E. The Economics of Discretionary Behavior:

Managerial Objectives in a Theory of the Firm [M]. Englewood Cliffs：Prentice-Hall，1964.

[280] Williams M L，Bauer T L. The Effect of a Managing Diversity Policy on Organizational Attractiveness [J]. Group and Organization Management，1994，19（3），295－308.

[281] Wokutch R E，Spencer B A. Corporate Saints and Sinners：The Effects of Philanthropic and Illegal Activity on Organizational Performance [J]. California Management Review，1987，29（2）：62－77.

[282] Wood D J，Jones R E. Stakeholder Mismatching：A Theoretical Problem in Empirical Research on Corporate Social Performance [J]. International Journal of Organizational Analysis，1995，3（3）：229－267.

[283] Yoon Y S，Zeynep G C，Schwarz N. The Effect of Corporate Social Responsibility Activities on Companies with Bad Reputations [J]. Journal of Consumer Psychology，2006，16（4）：377－390.

[284] Zhang R，Rezaee Z，Zhu J. Corporate Philanthropic Disaster Response and Ownership Type：Evidence from Chinese Firms' Response to the Sichuan Earthquake [J]. Journal of Business Ethics，2009，91（1）：51－63.

[285] Zhang Z. An Empirical Study on the Interactive and Inter-Temporal Influence between Corporate Social Responsibility and Corporate Financial Performance [J]. Accounting Research，2013，(8)：32－39.